从理念到实践：当代高校课程思政路径探索

吕云涛◎著

吉林大学出版社

·长春·

图书在版编目（CIP）数据

从理念到实践：当代高校课程思政路径探索／吕云涛著． -- 长春：吉林大学出版社，2021.9
ISBN 978-7-5692-9783-6

Ⅰ．①从… Ⅱ．①吕… Ⅲ．①高等学校－思想政治教育－教学研究－中国 Ⅳ．①G641

中国版本图书馆 CIP 数据核字（2021）第 263368 号

书　　名	从理念到实践：当代高校课程思政路径探索 CONG LINIAN DAO SHIJIAN：DANGDAI GAOXIAO KECHENG SIZHENG LUJING TANSUO
作　　者	吕云涛　著
策划编辑	董贵山
责任编辑	董贵山
责任校对	殷丽爽
装帧设计	王斌
出版发行	吉林大学出版社
社　　址	长春市人民大街4059号
邮政编码	130021
发行电话	0431-89580028/29/21
网　　址	http://www.jlup.com.cn
电子邮箱	jldxcbs@sina.com
印　　刷	天津和萱印刷有限公司
开　　本	787mm×1092mm　1/16
印　　张	12.5
字　　数	224千字
版　　次	2022年5月　第1版
印　　次	2022年5月　第1次印刷
书　　号	ISBN 978-7-5692-9783-6
定　　价	72.00元

版权所有　翻印必究

前　言

课程思政是一种育人理念，也是一种教育模式。"课程思政"是指在马克思主义的指导下，充分挖掘课程中的思想政治教育元素，并利用这些思想政治教育元素对学生进行价值引导，最终在潜移默化中实现高校立德树人目标的教学理念。打破长期以来思想政治教育与专业教育相互隔绝的"孤岛效应"，将立德树人贯彻到高校课堂教学全过程、全方位、全员之中，构筑思政育人大格局。这是新时代中国高校面临的重要任务。对此，本书紧紧围绕"从理念到实践：当代高校课程思政路径探索"这一主题展开论述，探究高校课程思政建设的问题、问题原因及实施路径，对于高校课程思政建设教育工作具有十分重要的意义。本书反映了大学生课程思政教育转型升级的新态势，突出了大学生课程思政教育迭代演变的新特征，具有前瞻意义。同时本书视角独特、观点新颖、论述翔实，可作为相关参考用书。

本书第一章为高校课程思政教育概述，分别介绍了高校课程思政教育的内涵、课程思政教育的本质意蕴和高校课程思政教育的特征三个方面的内容；本书第二章为高校课程思政教育状况，主要介绍了两个方面的内容，分别是高校课程思政建设的现状分析和高校课程思政建设存在的问题；本书第三章为高校课程思政与各学科专业课的协同模式，依次介绍了三个方面的内容，分别是协同模式的理论诠释、协同模式构建的困境，以及协同模式的路径分析；第四章为高校课程思政教育的发展与创新，依次介绍了高校课程思政教育的发展趋势和高校课程思政教育的创新策略两个方面的内容；本书第五章为高校专业课与课程思政的实践探究，主要介绍了两个方面的内容，分别是课程思政与人文社科类专业课的融合和课程思政与理工类专业课的融合。

  在撰写本书的过程中，作者得到了许多专家学者的帮助和指导，参考了大量的学术文献，在此表示真诚的感谢。本书内容系统全面，论述条理清晰、深入浅出，但由于作者水平有限，书中难免会有疏漏之处，希望广大同行及时指正。

作者
2021 年 7 月

目 录

第一章 高校课程思政教育概述 … 1
第一节 高校课程思政教育的内涵 … 1
第二节 课程思政教育的本质意蕴 … 9
第三节 高校课程思政教育的特征 … 19

第二章 高校课程思政教育状况 … 23
第一节 高校课程思政建设的现状分析 … 23
第二节 高校课程思政建设存在的问题 … 31

第三章 高校课程思政与各学科专业课的协同模式 … 35
第一节 协同模式的理论诠释 … 35
第二节 协同模式构建的困境 … 48
第三节 协同模式的路径分析 … 62

第四章 高校课程思政教育的发展与创新 … 91
第一节 高校课程思政教育的发展趋势 … 91
第二节 高校课程思政教育的创新策略 … 98

第五章 高校专业课与课程思政的实践探究 … 140
第一节 课程思政与人文社科类专业课的融合 … 140
第二节 课程思政与理工类专业课的融合 … 171

参考文献 … 192

第一章 高校课程思政教育概述

本章的主要内容为高校课程思政教育概述,分别介绍了高校课程思政教育的内涵、课程思政教育的本质意蕴和高校课程思政教育的特征三个方面的内容。期望能够通过作者的讲解,提升大家对相关方面知识的掌握。

第一节 高校课程思政教育的内涵

一、课程思政是什么

(一)课程思政的含义

课程思政指的是将各学科与思想政治理论课并肩前行,打造一个各个学科与思想政治共同协作的教学形式,主要目的是将立德树人这一教学理念融入全学科中,在进行知识教育的同时也要融入素质教育,全面提升学生的综合能力。课程思政理念的提出是结合我国实际国情,以及青少年的发展状况而提出的,对培养服务于人民,服务于社会的全面型人才有很大的促进作用。

深入解读习近平总书记的重要讲话精神之后,我们可以发现党政建设必须要靠近民心,人民的利益是一切生产生活活动的前提条件。国家的发展和进步需要人民团结具有和凝聚力,这就需要高校在对大学生进行知识教育的同时,提升他们的思想政治觉悟。高校教育工作者主要面对的是大学生,大学生的利益和心意都属于民心,这同样需要社会和学校等多方面的关注和照顾。高校课程思政建设就是要培养专业型的社会型人才,同时要让学生坚定中国共产党的领导，对未来的生活充满向往。在良好的道德教育趋势下，大学生群体能够融入社会公益中，为国家、为社会贡献自己的力量。在融入社会的过程中，可以了解到国家发展壮大的过程，从而使他们努力提升国家力量，为家国富强、民族复兴而努力。

党和国家的追求与人民群众的向往本是一回事，不是脱离日常生活的"另外一套"。只不过是宏观层面强调方针、路线、信仰、政策、法令等，微观层面就是爱国、守法、勤奋、友善、科学等。

课程思政的教学理念自问世以来就广受关注，因为它符合我国的国情及教育实情，在培养人才方面是非常具有前瞻性的。各大院校一直在探索课程思政的实施方式，探索阶段必然是艰难的，因为每个院校都分为很多种专业，各个专业之间要想与思想政治教育相互融合不是一件简单的事。因此，这项工作要在保证原本专业课有效进行的前提下，融入思想政治理论，对学生进行素质教育。作者建议在原有的教学形式基础之上，探索各专业学科与思想政治之间的关联，在专业课教学过程中穿插思想政治理论，将二者巧妙结合实现课程思政的政策建设。

（二）课程思政的本质与关键

当教育部门下发关于课程思政的文件之后，高校教育工作者可能最先思考的问题是如何在本专业的课程中融入思想政治理论，于是课程思政的本质和关键就容易被人忽略。无论是什么形式的教学课堂，都需要先了解课程思政教学理念的本质是什么？它的关键点在什么地方？任何专业与课程思政之间相互融合，都是通过教育行为进行引导和传播的，因此首先要注重的是教育，这也是课程思政的本质所在。而课程思政的关键在于育人先育德。高校在培养社会型人才的同时，也一定要保障学生的思想觉悟不能跑偏，只有流向社会的人才具有高专业性、高素质才能更好地建设国家。

高校思想政治教育主要是育人工作，将学生培养成德才兼备的人才。因此，思想政治教育主要解决的是如何育人的问题，党和国家需要拥护中国共产党的领导，培养具备中华民族优良品质、以德立学的人生观的人才。思政教育会结合我国的悠久历史，从历史长河中发掘以马克思主义理论为指导的重要思想，对中国做出的改革与变化。在提升大学生思想觉悟的同时，注重大学生的全面的发展，为中国特色社会主义建设源源不断地输入人才。

课程思政建设是一个系统工程，但我们依旧认为其关键是：立德树人是教师先立德，然后再树人，育人先育己。在课程思政建设过程中，教师要"躬身入局，置身事内，知行合一，身心合一"。教师这个职业有其特殊性，需要的不只是能力和经验，更需要理想、信念、价值观、格局与爱，需要先修炼好自己，再影响他人。

（三）"立德"与"明智"的关系

生活中有许多的道德困境，在专业教学中也经常遇到，或者说大部分学生在日后的专业工作领域都要面对道德困境。

直接告诉他们应该或不应该，不是真正的德育，也培养不出真正的人才。如果德育不能明智，不能培养人辨别是非美丑的能力，必然导致其会走向反面。课程思政通过立德，让学生具有自立及立人之能，而立德的关键是明德，不是仅仅记忆、复述道德准则，这就需要在"明"上下功夫。

每一个学科、专业、工作领域，都有其信仰和价值追求，以及与此相关的概念、原理、思考框架等。这些是开启智慧的方法，有明德之功效。专业教师需要对此有深入的理解，这对于其做好课程思政大有帮助。

马克思主义注重实事求是，新时代背景下要求我们结合具体实践开展思政教育，体现了要通过行与思、实与理之间的互动，让人更加聪明，而不是被教条蒙昧。从这个角度看，课程思政是德育，同时也是智育，而且是有格局的智育。

（四）课程思政与思政课程的不同

课程思政课不是思政课的简单补充或重复，而是思政课的进一步深化，它使显性思政课在其他课程中得到明确的贯彻和深入的感知。这些专业教师与思政课教师紧密合作，同方向开展思想政治教育，达到内化外化同时抓的教育效果。

课程思政更需要在"点"上发力，追求思政教学的深度，不是在形式上加入一些课程思政的内容，浅尝辄止地讲一讲而已。实施课程思政的目的是在专业教学中检验或者验证思政课程学习过的原理，从而实现同向同行。

（五）课程思政涉及内容

中共中央、国务院印发的《关于加强和改进新形势下高校思想政治工作的意见》中提出，要坚持全员全过程全方位育人[①]。对于专业教师而言，主要涉及全过程和全方位育人两个维度。但是课程思政的焦点不能只放在课堂教学和讲授环节，而忽视第二课堂、第三课堂，在科研、服务、管理等方面都要贯彻执行，而在这些方面开展课程思政恰恰可以丰富手段、增加深度、提升效果。

二、课程思政内涵界定的意义

实施课程思政的过程中，不是不可以在课堂教学中继续开展一般道德层面的德育教育，但是重点要强调当前高等教育立德树人根本任务所体现的应是，坚决拥护中国共产党的领导、培养社会主义事业建设者和接班人的政治目标，把这一关系到"为谁培养人"根本命题的目标作为课程思政培养时代新人的主要价值追求，这与课程德育理念有着本质上的区别的。高等教育立德树人之"德"主要是围绕大学生的政治方向培养，而德育指的是一般意义上的个人道德、职业道德、社会公德等等。德育教育对全社会成员均有教育意义，也就是公德和私德是针对全体国民的共同倡导和一般道德要求的。而课程思政所体现的立德树人为"大德"，是建立在公德和私德基础上的，高校的专业人才，必须具备政治方向、政治品德，这就是课程思政中"思政"的本质内容和价值意义。

三、课程思政的基本构成

（一）思政课程

思政课程是为推进我国精神文明建设而设立的课程，在大学期间是一

[①] 引自2016年12月中共中央、国务院《关于加强和改进新形势下高校思想政治工作的意见》

项重要的考察科目。思政课程是可以让学生在学习知识的过程中，提升自身的政治觉悟和道德修养的课程，不仅对学生的学习活动和学习行为做出了明确的要求，而且对学生的日常生活也提出了一些规范。要求学生在学习过程中，要对所接触的信息内容进行筛选。坚决拥护中国共产党的领导，坚持中国特色社会主义发展道路，无论是在学习还是生活中，做一个遵纪守法的好公民。青少年在步入大学的校园后，就算是进入半个社会了，校园对于他们来说是一个集体，因此，在思想政治教育中也要增强团队意识，以人民群众的集体利益为主，不贪图个人蝇头小利。以马克思主义理论为指导思想的思政体系推动了我国精神文明建设的步伐，对我国年轻一代人才的培养也创设了标杆。

（二）综合素养课

综合素养课是由除却思政课程和专业教育课之外的公共基础课程和通识教育课程组成，它是高校课程思政建设的内容之一。在综合素养课课堂教学之中，可以结合当前时事内容进行分析，注重传播和突出知识的内涵与价值，不仅能提升大学生的学习知识的能力水平，还能教会大学生待人处事的策略和潜在的技巧，最终培养大学生形成健康良好的品德性格，最大化综合素养课程的育人效果。综合素养课不同于思政课程和专业教育课，其内容的变化性相对突出。因此，授课教师应该从内容入手，在提升学生兴趣爱好的同时，通过潜移默化的、润物细无声的模式将科学知识、正确的价值观教授给大学生。

（三）第二课堂

第二课堂是指高校课堂之外的教育教学实践。相比课堂教学，高校第二课堂并没有一定的教学大纲，要求课程在规定的时间内完成教学，它更加灵活机动，可以根据教育教学的实际需求进行调整。因此，高校第二课堂是高校课程思政建设的重要内容和环节，通过高校第二课堂的建设，可以将思政教育基本要求、立德树人根本导向融入第二课堂，既是对第一课堂的补充，也是将课堂知识付诸实践的有利渠道。另外，第二课堂建设形式多样，平台众多，可以综合利用各种先进的信息技术，和一定影响力的平台资源，使高校大学生将思政道德素质等内容内化于心里，外化于行动中。

(四) 评价体系

高校对课程思政教学的反馈与评价，主要依据学生群体对教师实施课程思政效果反馈的信息采集，主要通过网上测评、调查问卷、教学信息员反馈三个途径。各高校采取的其他途径通常还有通过教学督导、教学管理听课等教学监测队伍的信息反馈。也有学校开展了全校层面的课程思政落实专项检查，通过量化、细化评价指标来检查教学文档，如课件、教学大纲等，通过开展学生座谈来收集学生层面的课程思政实施情况及效果测评。

当前，国内各高校实施课程思政教学改革的主要情况可以归纳为：第一，都能明确将立德树人作为课程思政实施的根本任务，但对课程思政的实施目标即"德"的方向、内涵尚未形成统一理解；第二，确立高校党委为落实课程思政的主体责任方，但高校内部中层的管理部门设置、分工、权限划分等组织结构各不相同；第三，学校层面都制订了实施方案作为制度推进措施，但下属二级院系的落实制度尤其是保障制度需要加强；第四，都组织了讲座报告辅导，但培训工作缺少系统化，覆盖面较窄。尤其是指导者、主讲者的资质、能力需要界定，从而达到课程思政实施目标、方向的统一；第五，课程思政科研方面体现在各课程自主展开研究，缺少必要统筹，尤其是缺少思想政治理论方面的指导，高校应避免错误的、主观的、片面的科研理论用于教学实施。第六，在课程思政教学改革效果评价方面尚缺少覆盖面较全的有效观察途径，也就是教师有无在日常教学中贯彻落实课程思政教学，效果如何，评价方法与路径有哪些，仍需探讨。

四、课程思政的构建策略

(一) 打破课程、学段和反馈体系壁垒

课程思政既是贯穿大、中、小学一体化的教育理念，又是要求在所有课程中都要贯彻执行的教育理念，各门课程、各个学段的教育都要做到因地制宜。有学者认为，高校教育是分专业展开的，课程思政的推行过程中

不仅要重视思想政治理论课对其他学科课程的引领作用，也要重视让思想政治理论课与各学科专业教育中潜移默化育人效应形成合力；课程思政体系需要打破各学科之间，尤其是人文学科和科学学科之间的壁垒，实现各学科知识与人、与生活的多向交流关系；课程思政的内容聚焦应做到因地制宜，如在应用型高校突出敬业精神、研究型高校突出创新意识等，并能够结合校风校训、革命历史，让课程思政符合教书育人的客观规律，具有亲和力、感染力。有研究者提出为适应不同阶段学生的特点，任课教师要不断探索新的教学方法和手段。课堂讲授和理论灌输依然是高校思想政治理论课必不可少的教学方法，但高校思想政治理论课教师也应从大学生年龄、专业特点，以及充分发挥学生主体作用入手，坚持以教师为主导、学生为主体，倡导专题式教学、任务驱动式教学、互动式教学，重视锻炼学生理论联系实际的能力，鼓励学生参加社会实践，培养学生独立完成任务的能力，培养团队的创新精神和合作意识。

每个高校都有上百门至上千门课程，课程教师多数不是思政课教师或都具备社会科学和人文学科背景，不可能每一门课程、每一位教师都能将"思政"部分讲透、讲精彩。所以，在课程教学的督导过程中，首先，要确保专业课教师不能出现背离社会主流价值观念和质疑中国特色社会主义道路、党的领导等不当言论，这是课程思政应有的体现和坚守的底线。这一监控制度应依托于学生教学信息员队伍、学生网上评教平台及学校有关部门对网络舆情的观察。其次，对课程思政实施效果开展综合评估。对课程思政受众——在校大学生以问卷调查的形式评估课程思政实施总体效果。对课程思政教学落实相对较好的课程教师要给予奖励，并纳入教师绩效考核；而对于落实课程思政教学改革目标差距较大、能力不足的教师要及时指导和组织培训。

（二）在不同类型院校中的实施要区分重点

每门课程都有自己的特色，不同类型的高校也有不同的特色。课程思想政治理念的实施要差异化、重点突出。有学者指出，专业课和思想政治理论课从来没有割裂过，每门课程都应该在传授专业知识的同时传递价值，帮助学生成为"专业人士"，更重要的是要提倡"思想励人"。对于不同的专业领域，应该有不同的载体和侧重点。比如，理工科课程更注重技术的掌握和应用，所学的知识也是为了技术的研发。理工科教师要想在理工科课程中发挥思想政治教育的作用，改变专业课程的原有性质，不需要在每门课程中系统地开展德育活动，也不需要在每门课程中机械地、教条地安排思想政治教育内容，而是要坚持学科的性质，变而不变，充分挖掘专业课德育功能，鼓励团队专业教师开设学科通识课，突破专业课间壁垒，让学生发现专业科学的真善美，重视基础课程和通识教育课程。有学者认为，在工科院校，思政课程作为公共课程不受重视，存在思想政治教育与学生职业发展脱节、学生价值观塑造途径不畅的问题。适合工学人才培养模式的课程思政体系应当能够结合我国改革开放浪潮中行业发展的特点，与学生专业所需的操守与规范。具体而言，首先，应该着力塑造工科学生的家国情怀，令其意识到社会主义现代化整体建设与其所在行业发展的相互作用；其次，应该结合行业道德操守与职业精神开展课程思政教育。

（三）要重视教师和教材

影响课程思政实施效果的一个非常重要的因素是教师，教师的理想信念、言行举止、知识观念、爱好习惯等都在潜移默化地影响着学生。首先，从思想层面上，教师要转变教学观念，把关注学生发展作为自己的教育追求之一。其次，从行为层面，教师要成为知行合一的道德践行者和示范者。只有教师的道德认知与自己的道德行为相一致，才能更有利于促进学生从道德认知向道德行为转化，实现"信自己的道"。教师在外显教育中发挥着价值导向的作用，教师是课程思政产生的关键因素。教师要扭转对传授知识的重视，树立牢固的教育意识，具有传播价值的倾向，运用教学艺术增强课程思政的亲和力。

教材建设是育人、育才的重要依托。教材的意识形态属性较强，反映了党、国家和社会的主流价值观。教材的建设既要兼顾知识传授，又要内隐价值观建设，在内容上要尽力避免脱离实际、在规范上要做到继承完善现有学科体系。

第二节　课程思政教育的本质意蕴

近年来，学界围绕课程思政的概念内涵、价值意义、路径方法等因素进行了诸多建设性探索，课程思政也逐渐成为高等教育教学改革的主要创新点和突破点。通常来讲，可以从广义和狭义两个层面理解课程思政。广义的理解指在高校中通过所有课程进行全面、系统育人，而狭义的理解则是将上述"所有课程"限定为思政课程以外的课程，尤其聚焦于专业课程的育人功能。在课程思政广义理解上，学界对其学理性研究保持了高度一致，在此无须赘述，但在狭义理解上的专业课课程思政研究，尚有一些较深层次的问题等待挖掘，有一些误区和偏见亟待厘清。因此，有必要帮助专业课课程思政，在如火如荼的形势下厘清误识，重塑课程思政的本真形象和特质，从而更好地指导和服务课程思政建设实践。

其实，课程的设置和教学过程不仅要以传授知识为目标，更要通过各种方式引向思维和能力培养的深处，使学生深刻感知到知识和规律发现背后的理性逻辑、艰辛过程和感人故事，真切感受到知识发现者身上有温度的理念情怀、人格操守、德行风骨、价值追求，使刻板的专业教育升华为情感和道德育人，使知识在课堂传递中跃动人文旋律、在理性推演中注入精神活力、在思维碰撞中构建价值取向，将这种奋发有为的求知态度内化为服务学科专业发展、服务国家和社会进步的不竭动力。因此，课程思政是为顺应新时代人才发展需要，在高校课程中开展的综合性教育效果提升工程，它既服务于立德树人总目标，又服务于课程教育和知识体系，从专业上培养能力过硬、具有基本科学素养的合格建设者，从道德上培育值得信赖、具有坚定政治素养的可靠接班人，使有血有肉有灵魂的专业课教学成为塑造时代新人的主渠道。围绕这一点展开讨论，就能较为清晰地分辨哪些是关于课程思政的误解和偏见，哪些是其本质意蕴。

一、课程思政的镜像之喻

时下有关课程思政的比喻大都生动形象,但较为流行的几种比喻,往往只是反映和放大了课程思政某一方面的特征,成为一种缺失完整性理解的"镜像之喻"。

(一)几种流行的课程思政镜像之喻

1."拓展说"

"拓展说"是流传最广的课程思政比喻,它认为课程思政是思政课程的一种拓展,增加了思想政治教育的载体和渠道,从而将思想政治教育融于专业课、通识课之中,使各类课程出"思政味"。"拓展说"虽意识到了课程思政肩负的育德任务,但却有较为明显的缺陷。首先,它割裂了课程内部的知识结构与育人元素、育人功能的联系。"拓展说"与类似的内嵌、互嵌关系说一样,都强调外部思想政治教育的渗入,而忽视了原生于专业课程内部的育人效果。课程思政实际上是专业课程主动性的升华,2020 年 6 月,教育部组织召开的全面推进高校课程思政建设工作视频会议就强调,要充分发挥好专业课教师"主力军"、专业课教学"主战场"、专业课课堂"主渠道"的作用[①]。其次,外部"添加"的方式有待商榷。课程思政既不能被理解为"课程+思政"的物理反应,也不能被理解为是一种化学反应,因为最优质的思政育人功能本身就蕴含在课程中,而不是从外部添加。如果视其为一种拓展,就有可能过度关注拓展部分的内容和拓展的方式,而不是关注课程教育本身。所以,课程思政关键在于如何把这碗"白米饭"做得香甜,而不是非要将"白米饭"变成"八宝粥"。

2."挖矿说"

"挖矿说"认为课程思政就是到课程中挖掘思政育人元素,以此凸显课程的育人价值。这一学说虽然在"思政元素埋藏于课程内部"的预设下,实现了课程内容专业育人和价值育人的统一,但在两个方面难以自圆其说。首先,机械化地看待专业课程。与"拓展说"相反,"挖矿说"预

[①] 引自 2020 年 6 月教育部全面推进高等学校课程思政建设工作视频会议

设了各类学科、各门课程都蕴含丰富的思政元素。这是值得肯定的,但是这些元素的大小、多少、挖掘难易度却有较大区别,"挖矿说"在看待这些差异时过于笼统和机械,没有深入分析。其次,"挖矿说"停留在资源型勘探上,没有真正触及如何展现矿藏价值的核心问题。这就使课程思政成为一种苦力活儿,没有提高到价值提炼、展现和传递层次上。其实从上下两个向度来看,课程向下挖掘的是专业理论的内涵深度,而课程思政则是要伴随这一挖掘过程,挑选出有育人效果的矿藏,同时向上进行价值、思想的升华。

3. "同心圆说"

"同心圆说"构建了育人的结构图像:内圈为思政课程,中圈为通识课程,外圈分别为社会科学课程、自然科学课程。"同心圆说"充分体现了课程思政和思政课程在育人方向上的一致性,但是这种圆圈图示却无法表征出完整的课程思政意蕴。首先,对课程论的滥用。"同心圆"是育人效果、方向上的比喻,但是这种图示容易让人联想到课程设置是否也要围绕此展开,那就会使课程思政成为一种"类思政课程"的扩展。其次,对"圆心"的错误理解。思政课程所在的应该是一种内核型结构,而不是"圆心","圆心"应该是立德树人、铸魂育人。虽然内核的思政课程在育人效果上发挥了重要的核心、统领作用,其他课程中的课程思政发挥着积极和重要的支撑作用,但两者间并不是渠道、路径之分那么简单。

(二)较为契合课程思政本质的比喻

当前较为契合课程思政本质的比喻是"基因说",即从课程内部结构和原生内容中提炼育人功能,从而通过课程思政"唤醒课程的育人基因"。

第一,"基因说"充分体现了育人元素、功能的内在性和内生性。

从逻辑上讲,课程思政可以体现出三种有层次差别的思政育人元素。由下至上,第三层是内嵌的,即由外部浸润但是能很好与原本专业内容结合的;第二层是内生的,即经过点拨而从原本课程中体现出来的"思政味"育人元素;第一层是内在的,即课程自然呈现出来的育人元素。第二层和第一层才是我们关注的重点,它们更能持久推动课程思政的发展和完善。这些瑰宝般的内在性、内生性育人元素发挥出了的育人功能,能够使学生自觉构建系统有序的知识体系,准确定位课程群内部的辩证关系,以此拓展到知识体系与社会体系的互动关系中，完成课程价值、个人价值与社会价值的统一。"这样一种知识框架的形成所指向的便是具有知识宽度的教学观的建构，全面推进课程思政建设就需要在这样的教学进程中展开，通过各个层面知识的递进式传输来实现价值观教育内容在教学中的有机分解、巧妙聚合①。"

第二，"基因说"更加符合专业课程和课程思政的建设与发展规律。

"课程学习的终极目的不是只学习课程知识，即停留于把握学科的概念与原理，提升认知水平，而是要使学生在知识学习的过程中，通过思维的训练预演，形成自己的独立判断，练就较强的思维能力，在反思的基础上形成内心的信念，明确生活目标和人生方向。②"从课程角度而言，知识性内容完成价值性建构需要三重路径：课程中的科学知识建构是起点；在科学性基础上完成的话语建构，是真正掌握知识并灵活运用、成为科学共同体的关键；要想使刻板的知识具有活力和价值，就必须完成意义建构。意义建构又包含两个层面：一是精神建构，即精神性认同；二是价值建构，即发挥实际影响力并在实践中产生价值效用。这就要求课程思政由内而外，关注课程本身具备的育人元素、功能和效果。

二、课程思政本质的内涵

针对课程思政的一些认识误区，要在"特质化""同质化"偏见中去伪存真，在"大思政"视野下理解思政课程与课程思政的辩证统一关系，由专业学术逻辑上升到价值育人逻辑，厘清课程思政的本质边界，从对现实问题的回应中复原课程思政的真实图景和本质状态。

（一）专业育人是课程思政的本质边界

2020年《高等学校课程思政建设指导纲要》针对思想政治理论课、专业课、通识课，等做出了全面推进课程思政的建设要求③，要全面、深刻

---

① 徐蓉. 深刻认识全面推进高校课程思政建设的价值目标 [J]. 马克思主义与现实，2020（05）：176-182.
② 高国希. 构建课程思政体系的教育哲学审视 [J]. 思想理论教育，2020（10）：4-9.
③ 引自2020年5月教育部《高等学校课程思政建设指导纲要》

领会课程思政的内涵，就需要从对三种错误认识的批判中，重新辨识出课程思政的本质边界。

第一，避免陷入课程思政"特质化"和"同质化"误区。

"特质化"理解会认为课程思政是一门特殊课程，为此需要增设区别于思想政治理论课、专业课的新课程，或者增设类似的教育活动。例如，有高校以"大国方略"等为主题新开设的品牌课程大获师生喜爱，但它并没有领悟到这只是一种初期探索的特殊方法，而不是课程思政的最终目的，更不是课程思政的全部内涵。"同质化"理解则会认为，负载了思政育人任务的课程教学从一种学科专业教育领域，转向了思想政治教育领域或者交叉领域。实际上，强调思想政治理论课的引领作用，并不是将所有课程都"思政化"，课程思政仍要建立在原本学科专业教育的基础之上，一旦我们忽视了课程本身具有的教学特点和教学规律，就会使课程思政成为与思政课程同质化的"类思政课程"。要避免最终陷入"同质化"误区，至少需要解决两个关键问题：一是如何做到育人与育德、思想政治教育与专业课程的有机衔接，"通过挖掘、提炼课程内蕴的家国情怀、社会责任、伦理规范、科学和人文精神等思想政治教育资源，实现知识传授与价值引领的有机统一"[①]，这是内在的过程，是对固有课程的激发与挖掘，而非外在输入；二是不能将课程思政仅仅理解为一种教育理念创新，而是要在这种理念的指引下进行教育教学的综合性改革实践。

第二，避免片面性、机械性理解课程思政与思政课程的关系。

课程思政所展现的"大思政"视野并不是要消解专业课程的边界，而是在育人效果的层面上追求专业课程与专业课程、专业课程与思政课程之间的合力。从课程论角度出发讨论课程思政，必然会考虑到课程的相对独立性，从而有意无意地将两者的关系代入包含、主次、补充等俗套解释的窠臼。我们必须清晰认识到，这里的关系是基于育人效果而言，而非课程设置，例如互补性在于育人效果互补而非课程开设互补，更不是增设新课程或者替换原有课程。我们既要看到课程的相对独立性，也要看到思政课程和专业课程之间、各门专业课程之间的交叉或相通之处，以及它们在育人方向上的统一性。从育人角度看，思政课程发挥着引领作用，课程思政

[①] 张正光，张晓花，王淑梅."课程思政"的理念辨误、原则要求与实践探究[J]. 大学教育科学，2020（06）：52-57.

发挥着重要的支撑作用；而从专业内容上看，课程思政又在学科知识上有引领作用，思政课程则提供世界观和方法论的支撑。

第三，避免割裂课程思政的专业学术逻辑和价值育人逻辑。

课程思政追求的是在科学性基础上的价值张力，为此需要将严谨的学术逻辑与动人的育人逻辑融为一体。思想道德与科学知识在认知结构方面是有先天差异的。道德教育不能被"道德知识的教育"所替代，它的许多内容、思想、精神等无法编码化或符号化、无法单纯依赖言语方式传授、无法离开实践体悟传递。课程思政中的育人逻辑不能完全仿照传统意义上知识、技能的构建模式，而应在程序化、模块化教育途径的基础上，更加追求"言外之意"的表达，例如讲求师生之间与价值有关感受语境的再现、感受通道的建立、感受内容的共鸣。

（二）价值回归是课程思政的本质特征

没有学术支撑的价值教育是空洞的说教，而没有价值导向的课程教育是盲目的。人类早期的教育传统是综合性、统一性的，特别注重以育人为目标、以掌握技艺为手段。然而随着近代社会分工的需要，传统教育理念逐渐蜕变为现今的专业化人才培养模式。马克思和恩格斯在《共产党宣言》中强调，"资产者唯恐失去的那种教育，对绝大多数人来说是把人训练成机器"[①]。这种适应资本主义生产和分工的教育模式有着深厚的理论基础。西方社会逐渐淡化了课程教育性分歧，热衷于从程序上改进课程编制方法、技术，以量化、标准、系统的方式强调课程"科学化"和"价值无涉"，但这种风气"造成了课程只停留在'知识与技能''过程与方法'上，遮蔽了知识所蕴含的文化价值和精神意义，对于发挥课程育人的职责使命产生了消极作用"[②]。

学术探索无禁区，但是其价值生成要有既定的方向指引。现如今虽然教育学、课程论等的学理性探讨持续深化，但是高等教育在培育"完整和大写的人"这一问题上反而愈发力不从心。追求科学的客观性、理性无可厚非，但所谓价值中立性和无涉性却是一厢情愿。20世纪兴起的科学哲学

---

① 卡尔·马克思、弗里德里希·恩格斯. 共产党宣言. 1848年2月.
② 伍醒, 顾建民. "课程思政"理念的历史逻辑、制度诉求与行动路向 [J]. 大学教育科学, 2019 (03): 54-60.

和科学修辞学研究表明，科学并不是完全客观的，它在一定程度上是一种修辞表达的结果，包括目的、观念、权威、信仰等，这不仅是由于科学家的主观性，更是由科学理论的传播需要所决定的。所以，科学性的知识必然蕴含和体现着精神价值，如果强行割裂了"追求真理"和"立德树人"之间的内在联系，必然会造成科学发现、知识生产与信息传播、价值引导之间的裂隙。实际上任何教育都必然包含政治教育和社会教化两个目的，习近平总书记指出，"古今中外，关于教育和办学，思想流派繁多，理论观点各异，但在教育必须培养社会发展所需要的人这一点上是有共识的。培养社会发展所需要的人，说具体了，就是培养社会发展、知识积累、文化传承、国家存续、制度运行所要求的人"①。

也正是为了应对高等教育的价值缺场，课程思政应运而生。长期以来，我国课程教育过度关注专业知识、技能、信息、体系等方面，一定程度上忽略了其本身具有的价值观教育和思想政治教育功能。"课程思政是在遵循课程自身逻辑体系的前提下对其固有德育资源进行的内涵式开发，是课程育人价值回归的过程"②。所以说，课程思政是在课程原有结构基础上的功能性提升、价值性升华，并不是一种新的教育模式或形态，完成智力提升和知识传授只是教育的过程和手段，而价值回归才是课程思政的育人本质。高等教育要铸魂育人，真正塑造"有学有术"的新时代人才。

（三）同向同行是课程思政的本质状态

同向同行不仅是意义角度的需要，也是对现实问题的积极回应。当前，对于思政课程与课程思政为什么要同向同行、怎样同向同行、达到什么程度的同向同行等问题，学界已经有了较多研究成果。但要注意到，同向同行不是无中生有，而当下对于"从什么层面讲同向同行"这一显而易见的问题的复杂化、混淆化倾向实属不该。

1. 同向同行是解决问题的现实逻辑

资本主义教育是巧妙地、隐性地将思想教育嵌入到专业教育中，通过国民与公民意识、地理文化、社会价值观、宗教等主题，导入适合资本主

---

① 习近平总书记在在北京大学师生座谈会上的讲话
② 卢黎歌，吴凯丽. 课程思政中思想政治教育资源挖掘的三重逻辑 [J]. 思想教育研究，2020（05）：74-78.

义国家和社会的价值教育。与这种隐性价值教育理念不同，我们党和国家开展思想政治教育主要依赖显性的思政课程，但是从政治教育扩展到全面的高等教育时，单纯依赖显性的做法较难在专业教育中体现完整的育人效果。课程思政建设的开展就是对这一现实问题的积极回应，是对"培养什么人、怎样培养人、为谁培养人"的方法论支撑。中国特色的思想政治教育既不能完全照搬西方的隐性价值教育模式，也不能依赖显性的思政课程独自完成政治育人，而应是思政课程和课程思政、显性和隐性有机结合的，多维度、全方位的，更加完善和全面的思想政治教育模式。

2. 同向同行是整体上的育人要求

专业知识体系无法完全剥离价值教育，同向同行就是要在整体上形成协同育人效果，唤醒受教育者的政治需要和价值追求，唤醒其掌握专业技能后融入社会、服务中国特色社会主义建设和中华民族伟大复兴实践的需要，从而构建更加有效、更符合未来人才需求的中国特色育人体系。同向同行是为了形成协同育人效果的同向同行，而不是形式上、课程论上的同向同行。要充分承认课程之间的异质性、相对独立性，立足课程特点，重新激活课程的教化功能，将课程内在的、内生的价值理念外化到教学活动中，使高等教育成为一场育人的大合唱，由思政课程领唱而不是独唱，所有课程发出和音而不是噪声，使课程思政成为匠心独运的"玉露琼浆"而不是明显分层的"鸡尾酒"。

三、重塑课程思政的合力

在厘清上述观念误识后，问题就集中于课程思政实践过程、环节等的离散性。如何以系统化思维有机统领课程思政实践，重塑课程思政合力，成为理论重塑之后的关键。

（一）形成课程思政的思维合力

第一，在尊重课程规律的基础上唤醒课程的育人功能。

不同课程都具备育人的共通性和可行性，但受教育者能承载、体现和反映的价值大小、感受性强弱等都存在一定差异。加之大数据人工智能推动的教育技术信息化，课程的育人成效既取决于课程的规律性、时效性，也取决于学生对精神价值、技术手段的满足与接受程度。"要在尊重课程专业性、特殊性前提下，贯彻价值塑造的一般性要求，即培养社会主义建设者和接班人的教育价值取向下对学生世界观、人生观和价值观的塑造，挖掘课程潜在的育人价值。[①]"对此，每门课程既要做课程思政整体的"最大公约数"，也要做本课程群在育人效果上的"最大公约数"。

第二，提高课程群在课程思政建设中的协同作战能力。

在课程思政建设实践中，要始终坚持"大思政"和"大学科"格局，充分认识到任何一门课程都是课程群中不可或缺的一员，都是专业内部的有机构成要素。因此要讲清讲透课程所处的方位，牵引出课程独特的知识结构与功能定位，进一步将课程放置于专业学科和课程群的角度理解，放置于国家和社会发展的角度理解。在教学中融入时代精神和现实思考，自然而然地将专业知识与家国情怀、现实问题密切联系起来，防止学科内部、课程群内部育人过程中出现观点错误、效果抵消等不良倾向。不能教条地认识课程，而应当从大局意识出发，允许每门课程贡献"质高但量可不同"的差异化育人效果，将那些充分掌握和应用唯物主义辩证法的课程，视作贯彻马克思主义基本原理和方法论的助推力，将那种融汇科学精神与中国智慧的课程视作提高学生综合素养的重要支撑，从协同作战角度将所有课程的价值育人效果汇聚成一股合力，真正发挥出课程思政的巨大育人潜质。

（二）凝聚课程思政的队伍合力

第一，提升课程思政的意识、素养和能力。

课程思政推行效果如何，关键在于教师，在于教师在课程思政中表现出的应对力和创造力。一方面，教师要在"授业、解惑"的同时不忘"传道"，"传道"才是教育过程的起点和教育目的的归宿。要站在更高角度审视课程所承担的学术价值、社会价值，从有意识到自觉地成为先进文化的传承人和传播者、社会进步的坚定支持者、党和国家发展战略的贯彻者、学生思想和价值的灯塔和引路人。另一方面，教师要充分认识到职业素养和政治素养的影响力，努力从"经师"晋级为"人师"。中国古代《学

---

① 王振雷. 论高校课程思政改革的三维进路 [J]. 思想理论教育，2019（10）：72-75.

记》中提到，亲其师才能信其道，信其道才愿受其教①。只有具备较高专业素养和政治素养的教师，才会对专业内容拿捏到位并有真情流露；只有具备高尚道德情操和家国情怀的教师，才会使课程负载着与社会和时代精神一致的正能量，才能在课堂的沟通交流中建立起师生互信关系，真正打开价值传递的通道。要善于将"教学活动场"转化为"价值体验场"，充分考量不同专业、年龄、年级、性别学生的思想状况特点、差异与规律，充分尊重学生的主体性与差异性、调动学生的经验与体验、激发学生的想象力与创造性。

第二，以教师队伍同向同行推动协同育人。

教学活动是教师主导的过程，教师队伍的同向同行能够助力推进所有课程的协同育人效果。一方面，专业课教师队伍内部的同向同行。部分教师可能不理解体系化、系统化的专业逻辑何以融洽思政育人逻辑，但他们并不排斥育人的同向性和必要性。这就要由教师中的积极分子带动其他教师，克服惰性思维。另一方面，思政课教师和专业课教师队伍的同向同行。思政课教师与专业课教师同为高等教育的园丁，他们天然地是休戚与共的育人共同体。专业课教师可以邀请思政课教师作为课程顾问，从思政角度论证课程设计、内容等的合理性，实现思政元素、案例和资源的互通有无。双方一同在学习中培育思想政治素养、在研讨中挖掘课程建设问题、在互动中提高课程育人质量，充分发挥思政课程落实立德树人根本任务的关键作用，发挥哲学社会科学课程的人文情怀与社会关怀，发挥自然科学课程的科学思维与逻辑能力。

（三）统筹课程思政的建设合力

第一，突出特色，释放课程能量。

各地在推行课程思政的实践过程中存在着一些不容忽视的现实问题，如果长期重视有余而制度性层面探讨不充分、不深入、不具体，则会形式遮蔽内容、结构大于功能、功利取代严谨、教条多于辩证，导致课程思政推行的实效性难以持久。应当鼓励各地区、各高校适应发展需要进行"课程思政"研究，结合地域差异、学生水平、办学特色、学校定位、学科特

---

① 乐正克. 学记. 战国时期

色等进行课程思政建设，在最大限度释放课程能量的同时推出有特色和代表性的育人成果；因地制宜、因校制宜、因术制宜、因课制宜，结合各地丰富生动的教育资源案例支撑课程思政论点，促进课程思政与思政课程高效互动。

第二，放眼长远，盘活评价机制。

在"破五唯"背景下，注重定性评价而非量化评价的课程思政建设，更应该追求灵活多样、长效持久的评价机制。一方面，优化课程思政评价环节。以过程性评价为主，结果性评价为辅，不以拿来主义复刻课程建设成果，突出评价主体多元化、评价内容多样化、评价方法灵活化、评价过程持续化、评价结果动态化、评价绩效可视化。另一方面，完善课程思政的督查、复核环节。课程思政以育人效果为准绳和基本遵循，而基于不同课程和人才培养的特点，育人效果的展现是一个有差异的、长期的、持续的、显隐结合的过程。要在横向上扩大评价、督查主体，聚合同行、学生、社会、校内相关部门等多个维度；在纵向上持续追踪学科育人、专业育人发挥出的积极作用，突出学生成才过程，构建育人效果的长效机制和追溯机制。

第三节 高校课程思政教育的特征

一、渗透性

思想政治教育承载着立德树人的艰巨任务，为了实现这个目标，思想政治教育工作不能仅仅局限于具体的思想政治理论课，因此必须加强各学科的协同与合作，不失时机地在专业课程教学中开展与专业教学内容相关联的思想政治教育，引导学生更好地理解和运用专业知识。在高校的各类专业课程中，蕴含着大量的、丰富的、精彩的思想政治教育资源，比如在自然科学中科学原理、科学发现的讲授中，必然涉及科学精神、探索精神、献身精神等，不少自然科学的理论同样适用于人文社会科学，以及人类的处世原则等。这些渗透在专业课程中的思想政治教育资源，就是开展

"课程思政"的丰富资源,它们深度地融于各学科的专业知识之中。在专业课教学的过程中,充分挖掘专业知识背后蕴含的思想政治教育资源,让学生在潜移默化中受到教育,从而内化于心,外化于行。"课程思政"不是强制性的理论灌输,而是通过润物细无声的方式将其他课程的思想政治教育资源传递到专业课程的教学中。就此看来,"课程思政"本质上是对一种理念与价值的培育与输送,具有一定的渗透性。"思想政治工作要与高校的教育目标、育人目标结合起来,体现思想政治教育目标的渗透性。""课程思政"的渗透性,就是要围绕教育目标,渗透到专业课程教学之中。

二、综合性

对于当前的"课程思政"而言,专业课的教学中既注重知识教学也注重价值引领,不是一味地为了学生思想政治教育而进行思想政治教育。如果是这样,那这样的专业课也就失去了其价值和魅力,反而成了思想政治理论课的附属品。同样地,思政课程的主导地位也将受到撼动。"课程思政"通过专业课来对学生进行思想政治教育的时候,是以专业知识作为基础的,同时加以社会核心价值观的引领,让专业课上出人文味道,这是从内容的综合性而言的。此外,从教育方式的综合性而言,在进行"课程思政"的时候,不仅仅是通过课堂这一种途径,还包括课外的一些专业课社会实践活动。

三、辅助性

"课程思政"是在当前思想政治教育"孤岛"的现象下产生的。关于思想政治教育"孤岛"的现象,是由很多原因造成的。首先,传统的思政教学内容刻板,形式陈旧,不具吸引力;其次,传统的思想政治教育中只看到思想政治理论课的德育作用,忽略了专业课程背后蕴藏的宝贵的思政资源,同时加上学生普遍认为思政课无用,最后在这样的情况下导致任课老师各自为政、学生自行其是,这既花费了时间,又没有达到思政教育的目的。"课程思政"是在专业课或者通识课的教育教学过程中,潜移默化地进行思想政治教育。在这个实践过程中,"课程思政"对思想政治教育发挥了重要的辅助作用，对传统高校思想政治教育实现了渠道的拓展、内容的丰富、形式的创新，可以说既能破解思想政治理论课的尴尬境地，又能让学生在学习知识的同时，促进学生的全面发展。"课程思政"与传统的思政课程而言，两者相辅相成，对学生的思想政治教育做到了显性教育与隐形教育相结合，弥补了传统理论灌输所带来的不足，可以说"课程思政"是对传统的思想政治教育的一种良好的辅助手段。

四、显性特征

高校课程思政教育的显性特征，主要是针对中国高校思想政治教育工作开展全过程而言的，主要包括如下四个方面：一是课程思政要求高校思想政治教育实现一体化衔接；二是课程思政要求高校思想政治教育实现内部贯通；三是课程思政要求高校思想政治教育实现体系创新；四是课程思政要求高校思想政治教育实现理论夯实。具体来看，一体化衔接主要是为了解决在推行课程思政过程中不同专业学科之间、不同学历水平的大学生群体、不同教师层级之间，存在的定位不清、认识不深、内容不明确等问题，以谋求达到统一行动，统筹规划，有梯度、有深度地加强高校思想政治教育；内部贯通是指在高校推动课程思政过程中，无论是管理层、师资层、学生层，还是课程本身，都需要衔接紧密，真正做到衔接有序、张弛有度、交流贯通、组织无碍；体系创新是指对于不同高校、不同地区、不同专业，不能拘泥于特定的思想政治教育模式，应因地、因时、因人而异，灵活有度，以创新为抓手，将思想政治教育工作透过课程思政传导至每一个环节；理论夯实是指有关思想政治教育的相关内容不能是无源之水，应该在充分运用哲学社会科学学科资源的基础上，加强理论创新，全力支撑课程思政的理论需求。

五、隐性特征

隐性特征是区别于显性特征而言的一种内在特征，主要是指在课程思政推行过程中存在的固有特征，一是渗透性，二是潜隐性，三是意识形态性，四是学术性。从渗透性来看，它是指课程思政建设的开展是寓于其他社会实践中,通过和其他社会实践活动开展的有机融合,并逐步进行渗透的行为,诸如高校课程思政建设中在对大学生进行专业课、通识课的传授时,会不时地将包含价值观在内的思想政治元素进行灌输。从潜隐性来看,它区别于思想政治课程直接传授知识的模式,通过无形的教育教学课堂,把相关德育思政内容传授给学生,其采用的教学教育方式较为隐蔽,又或者是在日常指导学生论文的过程中,通过训练给学生讲授其中蕴含的道理哲学,提升其思政水平。从意识形态来看,主要是指高校课程思政建设内涵所遵从的政治属性,体现在政治领导和国家人民的主流意识概念两方面。从学术特征来看,主要是指对高校课程思政建设的研究存在较高的学术意义,对于创新高校思政工作形式、内容、体系具有重要的指导意义和理论意义。

第二章 高校课程思政教育状况

本章的主要内容为高校课程思政教育状况，主要介绍了两个方面的内容，分别是高校课程思政建设的现状分析和高校课程思政建设存在的问题。期望能够通过作者的讲解，提升大家对相关方面知识的掌握。

第一节 高校课程思政建设的现状分析

一、对课程思政的顶层设计和工作要求

（一）思想政治教育融入学科教学的提出

党中央、教育部一贯高度重视大学生思想政治教育工作，逐步提出全课制教育理念，深入探索高校各类课程思想政治教育功能，推进德育与学科教学深度融合。因此，广大教师要以身作则，以高度负责的态度，以戒行教，潜移默化地影响大学生思想、品德、品质、性格等方面。要把思想政治教育融入大学生专业学习的方方面面，渗透到教学、科研和社会服务的各个方面，就要深入挖掘各类课程的思想政治教育资源，在传授专业知识的过程中加强思想政治教育，使学生在学习的过程中自觉加强思想道德修养，提高政治觉悟、科学和文化知识。

2010年5月，《国家中长期教育改革和发展规划纲要（2010—2020年）》审议通过，确立了"育人为本"的教育工作方针和"德育为先"的战略主题，明确指出"立德树人，把社会主义核心价值体系融入国民教育全过程"，强调要把德育渗透到教学的各个环节，增强德育工作的针对

性和实效性①。

2016年12月，全国高校思想政治工作会议召开，习近平总书记发表了重要讲话。他进一步指出，要做好各项课程的维护、培养，使其与思想政治理论课相协调，做好思想政治教育工作②。同月，中共中央、国务院印发《关于加强和改进新形势下高等学校思想政治工作的意见》（中办发〔2016〕31号），提出把国民意识、法制意识、社会责任教育和民族团结进步教育、国家安全教育、科学精神教育包括在内，进一步加强德育在日常课程体系中的建设③。

（二）课程思政的专项部署与推进

2017年12月6日，教育部印发了《高等学校思想政治工作质量提升工程实施纲要》（以下简称《实施纲要》），提出规划"十大育人体系"的实施路径和方法，构建一批"三全育人"示范区和示范学校。位居"十大育人体系"之首的是"课程育人质量提升体系"，明确指出要以"课程思政"为目标，大力推进课堂教学改革，优化课程设置，修订专业教材，改进教学设计，加强教学管理，梳理各专业课程所包含的思想政治教育要素和承担的思想政治教育功能，整合课堂教学的方方面面，实现思想政治教育与知识体系教育的有机统一。深化推动习近平新时代中国特色社会主义思想走进教材、走进课堂、走进思想，落实高校课程体系和创新教育教学计划，建立哲学社会科学核心课程教材目录，建立全国优秀教材评选奖励制度，指导高校课堂教学管理工作，培育和评选一批"学科教育示范课"，建立一批"课程思政研究中心"④。

为深入贯彻落实习近平新时代中国特色社会主义思想和党的十九大精神，全面贯彻落实全国教育工作会议精神，2018年10月，教育部印发了《关于加快建设高水平本科教育全面提高人才培养能力的意见》（以下简称《新时代高等教育40条》）等文件，针对重点针对高水平本科教育建设中

---

① 引自2010年5月中共中央、国务院《国家中长期教育改革和发展规划纲要（2010—2020年）》

② 习近平总书记在全国高校思想政治工作会议上的讲话

③ 引自2016年12月中共中央、国务院《关于加强和改进新形势下高等学校思想政治工作的意见》

④ 引自2017年12月教育部《高等学校思想政治工作质量提升工程实施纲要》

的难点问题，以实施"六卓越一拔尖"计划2.0为指导，提出一系列创新举措，提出组合改革①。首先提出的重点措施是"加强课程思想政治建设"，即全面加强课程和专业思想政治建设，强化每位教师的师德修养，把思想政治教育融入每门课程，建设一批思想政治教育效果显著的精品专业课程，创建一批课程思想政治示范课堂，选拔一批优秀思想政治教师，促进形成专业紧密结合的思想政治教育，形成课程教学与思想政治理论课教学并肩前进的格局。2019年3月，召开了学校思想政治理论课教师座谈会，习近平总书记出席了会议并作了重要讲话。统一创新教育方面理念，挖掘其他课程和教学方式所包含的思想政治教育资源，实现对全体教育对象的全方位教育。"要完善课程体系，解决好各类课程和思政课相互配合的问题，鼓励教学名师到思想政治课堂上讲课"②。这是习近平总书记在2016年全国高校思想政治工作会议上提出办好各类课程和思想政治理论课以来，再次强调思想政治课与各类课程有机结合，往同一个方向走。

二、各省市高校推进课程思政建设工作现状

（一）加强设计规划，推进课程思政工作

各省、市课程思政推进工作由各省、市教育厅（教委或教工委）牵头，加强顶层设计、统筹协调、精心部署。为提高北京市高校思想政治水平，北京市高校学习贯彻了习近平新时代中国特色社会主义思想和总书记重要讲话精神，全面贯彻落实全国人大会议精神。高校思想政治工作全面参考《实施纲要》要求，组织实施课程思政研究计划，规范市属学校两级体制机制，深入挖掘各类课程所包含的思政教育资源，推进思政课工作体系渗透人才培养体系。北京市委教育工作委员会组织开展课程思想政治工作，召开课程思想政治现场交流会，总结形成"四位一体四步法"，即党与政府、重建同步、显隐方向、师生共进。政治教育与专业课有机融合，结合思政课和学生的认知特点，北京市高校还组织编纂出版了《人民公开课：中国共产党与国家治理体系和治理能力现代化》《莫辜负新时代："四

---

① 引自2018年10月教育部《关于加快建设高水平本科教育全面提升人才培养能力的意见》
② 习近平总书记在学校思想政治理论课教师座谈会上的讲话

个正确的认识"大学生读本》等系列补充读物，并产生了良好的社会反响。

（二）结合自身特色，开展课程思政探索

为响应党中央、教育部的号召，各高校在课程思政工作中积极探索，形成了自己的特色做法。中国政法大学开设"习近平新时代中国特色社会主义思想和当代中国"课程，聚焦当代中国的历史变迁和成就，聚焦马克思主义诞生170周年和改革开放40年的历史维度和人类命运等国际维度，从"四个全面"战略布局和"五位一体"总体布局的实践维，开展立体化、系统化教学，是学校从思政课向课程思想政治转变的成果，是完善学校思想政治理论，开展进行课程教育体系的一系列新尝试。例如，武汉大学开设"院士课堂"，为新生开设"测绘概论"课程。通过两院院士的授课，体现了专业学习与爱国主义教育有机结合。上海中医药大学在"遗体解剖"课程中增加了"第一节对捐赠遗体的感恩"课，引导学生思考生命的价值。南开大学开设"中国发展"课程，校党委书记杨青山、校长曹雪涛、原校长龚克等8位现任和前任校领导先后走上讲台，聚焦教育、科技、文化、安全、政治、能源、生态文明等。从一个角度，回顾中国的发展，阐释中国以往的发展，展望中国未来的发展。江苏大学默默地将大学英语课程提升为"课程思政模式"。2017年开始，外语学院国际语言课程中心21名骨干教师组成专项研究团队，分为"听、读、写、译"四大线，充分挖掘思想政治教育每门课程的资源。研讨班针对社会主义核心价值观和中国文化价值观，充分开发大学英语思想政治教育资源，不仅从现有主要教材中挖掘了出丰富的思想政治教育资源，还将《习近平谈治国理政》英文版、中国文化经典英译本、西方媒体报道评论等开发出了思想政治教育资源，这些都是对英语教学与思想政治教育相结合的语言教材的补充。湖北经济学院开设"当代中国"课程，利用新时代网络信息技术，与"互联网+思政课"深度融合的创新教学模式走红校园，成为湖北省高校探索和发展思想政治课的第一门课程。本课程围绕新时代国家的成就和变化，教育、引导学生了解当代中国发展形势，帮助学生认识国家、认识时代，明确责任和使命，充分发挥大学生思想政治理论课的思想引领作用。作为思想政治理论课教学改革的独立实验场，"当代中国"构建了全新的教学模

式，将"互联网+"引入教学过程，包括微信助手、微信群、微信群、微信官方账号等微学习平台。每次开课都会建立微信群，由班主任负责管理，方便师生互动和延伸学习；每个话题都会以微页面的形式推送，学生可以提前熟悉话题老师和话题内容。

（三）注重建章立制，推进课程思政改革

课程思政作为教育教学的重大改革，需要有配套的规章制度来保障，才能取得更好的实践效果。2017年10月，北京联合大学党委牵头制定了《关于北京高校推进课程思想政治建设的实施意见（2017—2018年）的通知》，要求所有课程"保持一定的渠道，划分好责任场"。为鼓励教师自觉加深对专业和课程本身所包含的思想政治教育要素，及其所承载的思想政治教育功能的认识，适应新时代要求，学校分阶段实施，循序渐进，通过政促会等一系列座谈会，制订规章制度，形成了"学校全面推进，系领导、教师主体"的格局，统筹线上线下资源，推动形成学校有氛围、学院有特色，专业成果、课程教学风格流动化、教师有榜样。目前，学校15个二级学院全部参与制订课程思政实施细则，70个专业修订了人才培养计划和课程大纲。学校近半数专任教师参加了课程思政教学，建成示范课堂27个。围绕北京"四个中心"的城市功能定位，结合习近平新时代中国特色社会主义、中华优秀传统文化、中国特色社会主义文化，北京联合大学课程体系具有独创的红色文化和独特的北京味道。

浙江大学深入推进从思政课程向课程思政转变的教育教学改革，鼓励教师担任"新生之友""德育导师"等，在岗位聘任制中将立德树人作为各类教师和人才聘任的必备条件；汇聚具有丰富实践经验的高水平社会师资，推动思想政治理论课"专家大报告+教师重点专题讲授+学生研究性学习+现场教学"四位一体教学模式落地，充分挖掘各门课程的思想政治教育功能，优化协同育人环境和实践育人机制。华中科技大学积极构建以学科专业导论课程为依托、精品综合素养课程为补充的思想政治教育课程体系，结合专业教学加强思想政治教育，注重在专业课中加入思想政治教育的教学内容设计，逐步实现课程思政理念在所有专业课教学中的全覆盖。如电气与电子工程学院程时杰院士坚持为新生讲授"电气工程导论"研讨课，引导学生将行业需求与国家发展和学生个人规划相结合；外国语学院

谭渊教授引导德语专业学生阅读和学习德文版《共产党宣言》，增强学生对中国道路、理论、制度、文化的自信。北京林业大学坚持以习近平新时代中国特色社会主义思想为指导，深入推进课程育人，充分挖掘和运用各门课程蕴含的思想政治教育资源，实现思想政治教育与知识体系教育的有机统一。学校党委召开思想政治工作会议，统一思想，提高认识，明确将课程育人作为思想政治工作的核心任务。召开课程育人专题工作会，组织动员基层学院研究部署落实课程育人的具体举措。启动实施课程育人体系建设攻坚计划，明确大纲、教材、教案、教学、督导、评价等修改完善任务，强化育人功能。印发《北京林业大学深化本科教育教学改革总体方案》，明确要求提炼专业"课程育人"元素，并纳入教学大纲。编制《人才培养能力提升总体规划》，实施"青蓝"卓越青年教师成长计划，常态化、制度化提高教师"课程育人"水平。编制"课程育人"评价指标体系，重点对教学过程、育人质量、学生获得感进行综合评价。大力选树典型，计划利用2~3年时间评选100名"课程育人"模范教师，建设50门精品课程，打造100个示范课堂，宣传推广可借鉴可复制的优秀教案、先进教法。

为改变思想政治理论课"孤岛化"现状，实现思想政治课向课程思政课的转变，真正实现全课德育，江苏科技大学正在探索在全校范围内开展"课程思想政治衔接行动"。通过实施从思政课到思政课的教育教学改革，汇聚并有效整合各类课程资源和师资，有效促进思政理论课教师与非思政课教师的交流、借鉴和融合，督促学校各门课与思想政治理论课同向育人，使每门课都能育人，每一个教师都担负育人的责任，最终形成全校的全学科协同教育大局面。

三、课程思政工作的主要成效

（一）打造品牌课程

各高校在推进课程思政过程中，致力于打造符合自身特色的优质系统品牌课程。例如，上海开设了"中国系列"思想政治选修课，以阐述和宣传习近平新时代中国特色社会主义思想为核心使命。例如：复旦大学推出的"治国理政"和由上海交通大学发起的"阅读和理解中国"、华东理工大学推出的"绿色中国"、东华大学推出的"锦绣中国"等。"中国系列"课程注重内容贴近实际，在教学中传递正确价值、知识，注重从问题走近人，在重大理论和实践问题分析中加强思想引导，并根据问题的不同领域进行分类，根据问题对学生的深入影响层次进行分层，展现曲径通幽的教学魅力；师资方面，重点聚集各课题高水平团队和行业领军人才，提升品牌吸引力，红色元素一直深受大学生喜爱和追捧。南开大学开设"中国发展"课程，回顾中国发展，阐释中国发展，从教育、科技、文化、安全、政治、能源、生态文明等方面展望中国的发展。

此外，一些高校在课程设置或教学设置上创新了模式，提高了思想政治教育实效。例如，武汉大学推出的"院士课堂"将专业学习与爱国主义教育有机结合；北京林业大学提出"5分钟森林思维"课堂新模式，让专业教师尽量引导学生在课堂上利用5分钟时间进行具体专业问题思考并思考现实社会问题，充分挖掘专业课程所包含的思想政治教育资源，在教学环节加强教育导向，使专业课程与思想政治理论课走向一致。

（二）理清管理机制

课程思政的基础在课程，重点在思想政治教育及教师。在实际工作中，推进工作难免会遇到各种机制的瓶颈，所以必须创新。省、市教育主管部门和高校不断加强顶层设计，着力解决课程思政话语体系建设、思想政治理论课等课程协调机制问题；高校内部制度的合作机制和思想政治问题；理论课教师、专业课教师、辅导员与其他教师之间的"立交桥"联动机制问题；业务培训和工作效果评价机制等问题。这些问题既是当前课程思想政治工作实践中的重点问题，也是进一步提高工作质量的难点问题。

（三）强化资源配置

随着课程思政工作的深入展开和越来越受重视，各省、市教育主管部门和高校为全力推进课程思政工作，不断增加资源投入。

（四）开展研究支撑

课程思政工作是一项在探索中逐步展开的重要工作，对于具体实施过程中可能遇到的一些紧迫问题,需要加强相关研究,提供持续的智力支持,教育部率先示范。2015 年以来,在"高校示范马克思主义学院和优秀教研团队"项目重点课题中,支持"哲学社会科学教师参与思想政治理论课教学研究"等课题组,思想政治理论课教学借鉴了其他学科的研究成果,开设了"思想政治理论课特聘教授制度建设研究""思想政治理论课兼职教师队伍建设研究"理论课程。学校研究课题的发布、专题研究项目的设立等,围绕高校思政课程实施路径、评价体系等方面展开深入研究,形成了课程思政课程热潮。在中国知网搜索课程思政学科,会发现相关论文数量逐年增加。

(五)提升育人实效

思想政治课程的主要目的是培养和塑造整合所有课程的价值观,将思想政治教育融入学校教育教学的全过程,在主渠道中落实教书育人的内涵。有效课堂教学让所有课程都能彰显教育价值,让立德树人默默滋润所有受教者。课程理念致力于让"有意义"的课堂变得"有趣","最难讲"变成"最精彩";致力于解决少课时、多内容的矛盾,直击学生的思想矛盾区,有效唤起学生的共鸣等。高校名师在具体工作过程中,需要在传授知识的同时,还要讲解知识背后的逻辑、精神、价值、思想、艺术和哲学,融合多种教学方法,巧妙嵌入知识的精髓。在课堂中宣扬社会主义核心价值观,其本质在于多元化的课堂教学,将正确的价值追求和理想信念,以"润物无声"的形式有效地传递给学生,种种方式深受学生喜爱,得到了良好的教学效果,有效地实现了师德修养、立德树人的教育目标。

例如,同济大学推出的"中国路"课程围绕"创新、协调、绿色、开放、共享"五个发展理念,旨在让学生从不同的角度加深对"中国路"的理解。课程每学期开设 6 至 8 场专题讲座,每个专题均由名师授课。中科院院士汪品先教授对班上的同学说:"19 世纪中国的衰落始于海上,21 世纪的中国振兴必须立足于海上。"同学们都被感动了,这堂课响起了雷鸣般的掌声。随后的师生互动也十分热烈,学生久久驻足讲座现场。复旦大学在全国率先举办十场习近平新时代中国特色社会主义思想讲座,将党的十九大精神弘扬进教材、进课堂、进思想,在全国范围积极推进课程思政共享网络课程建设。截至 2018 年春季学期,复旦大学首批思想政治示范课中，已开设9门国家级共享网络课程，吸引近500名大学生选修课，全国修读课程学生总数近75万人次。仅一门"思想道德与法治"混合教学示范课就有182所高校，在校生18万余人修读，是目前持续时间最长、学习人数最多的"互联网+"思想政治课。温玉梅院士开设的"人文与医学"在线公共课程也有150多所高校6万名学生参加。

第二节 高校课程思政建设存在的问题

一、高校课程思政建设存在的问题

（一）理念层面的问题

在课程思政建设教育理念认同方面，部分高校师生对课程思政教育理念认同存在困难，这对课程思政改革产生一定阻力；或者对课程没有推动力且理解深度不够，导致课程思想政治改革落实不到位等现象。

从教师层面来看，主要是高校教师对高校课程思政改革的方向内容、目的、对学生的影响效用并未进行深入的了解，直观地认为高校课程思政改革挤占了专业课授课时间，会加重专业课教师的工作压力。因为日常的授课、课题、论文、报销、指导学生等工作已经挤满了当下的教学时间，鲜有充分的时间来将思政元素融入专业课程课堂之上。

从学生层面来看，高校学生对课程思政的抵触集中在思政课程建设的单一性方面，和外在文化信息对其价值观的影响方面。就文化信息而言，信息的传播随着互联网络和新型社交媒体具有非常低的边际成本，大学生容易获得差异化的信息，导致大学生在接受思政教育的同时也受到其他价值观的影响和左右，导致其思想认同与中国课堂层面的思政教育存在一定的偏颇。

（二）协作层面的问题

高校课程思政建设背景下，各学科纷纷融入思政元素实现协同育人的模式，但当前仍然存在结合开发的内容固化不变、结合开发的内容大班授课出现理论与实践脱节等具体问题。由于思政元素主要是对大学生的德育品行进行培养，而对于自然科学的部分学科而言，如理工科教授的知识专业化程度较强，逻辑概念较为明确，很难在课堂上将思政元素纳入课堂教学之中，仅能尝试利用课堂之外的第二课堂、第三课堂，通过学习理工科先驱前辈的德育情怀、通过所学知识实际指导现实生产生活等方式进行。但这种结合无法深度地将专业知识进行融合，导致类似的专业课程与思政元素融合的方法存在较大的同质性，而不同学科之间的协同教育本身就不强，就进一步导致融入思政元素后的课堂协同育人效果不佳。

二、高校课程思政建设存在问题的原因

（一）高校课程思政建设管理存在缺位

1. 课程思政教育理念学习力度不够

高校课程思政教育理念是根植于高校思政教育管理者，以及一线教师的一种育人理念，是当下推动高校思想政治教育工作走向新的阶段的重要法宝和途径，加强高校课程思政教育理念的学习，对于加快高质量高校课程思政建设具有重要的促进效用。调查发现，部分高校师生缺乏持久性的课程思政育人理念，一方面的原因是高校党委机构、学院机构对课程思政教育理念学习次数较少，仅在中央或者地方党委、政府，或者相关教育部门之后才进行次数较少的学习，导致其重视程度不够，因此其在专业课堂中融入的思政元素也是断断续续的，并未持续性地进行课程思政教育；另一方面，从学习形势来看，既有的学习都是以开大会的形式，其用意是体现出要学习内容的严肃性，但针对大思政模式下的具体内容的具体落实在学院层面和学院思政辅导员层面相对较小，他们更多的是针对学院学生做工作，针对学院教师的培训、考核、提醒等环节都比较少。

2. 课程思政建设组织力度不强

高校课程思政建设管理的缺位还体现在组织力度方面，这里的组织力度多是指在学院层面、校党组织层面、高校社团层面的组织力度存在较大

的提升空间，而针对学校党委层面的组织力度已经执行得比较到位。许多教师表示高校课程思政建设组织呈现"上强下弱""上急下缓"的特征。高校课程思政建设各环节各岗位发力不一致，导致高层积极推进，但基层却没有头绪，其主要原因还是基层课程思政建设的重视程度不够。如导致组织力度不够，本应组织基层教师参加特定的培训学习因其他教育事项给挤占了；本应组织学生参加的有关课程思政建设的社会实践，由于教育教学安排不合理给推迟或者取消了。部分高校总体上规划安排欠缺，统筹能力亟待提升，导致出现组织力度不强，迟缓了高校课程思政建设的步伐，降低了高校课程思政建设的阶段性质量。

3. 课程思政建设部分管理者权责不明

高校课程思政建设管理存在缺位的原因还有高校课程思政建设部分管理者权责不明，但这种情况占比相对较低，并且主要集中的在基层，学校党委高层对于课程思政建设的分工是公开透明较为明确的。但是落实到基层学院、基层党组织、基层思政辅导员层面就出现变化。高校课程思政建设属于高校思想政治教育工作中的相对较新的渠道，处于"摸着石头过河"的摸索阶段，因此对于在基层岗位上如何开展课程思政建设存在较大的疑问：一是如何进行详细高效的精神和思想学习，以何种学习方式将更容易帮助高校教师接受并快速的执行；二是对于课程思政教育理念学习之后，如何对学院教学岗位、思政岗位的教师进行激励，如何促进教学岗位教师之间、教学岗位教师和思政岗位教师之间进行协同育人；三是如何针对学生开展行之有效的课程思政教育工作等。针对上述各种疑问，需要对参与课程思政建设的教师进行权责界定，针对特定事项给予特定岗位特定的边界，有助于其厘清权责问题，防止出现由于权责不明引致的课程思政建设滞后的问题。

（二）外部社会环境的不利影响

外部社会环境对高校课程思政建设同样存在一定的影响，主要体现在市场化体制改革下强化经济基础优先的思维、信息化发展加速的多元文化的冲击两个方面。

1. 过度追求经济发展的影响

经济的快速发展对大学生的世界观、价值观产生了一定程度的影响，导致部分大学生更加注重个人价值的实现,而忽略了整体维度的价值。在这种模式下,学生的行为都具有明显的利益特征,实现利益最大化才是其奋斗的目标。经济利益追求与树立正确价值观并不违背,相冲突的是对以个人为中心的经济利益最大化的追求。部分教师反映当下这种个人经济利益最大化的社会环境已经开始流向高校校园,导致部分大学生只重视个人利益,忽略实际情况,出现更多的社会问题和道德问题。因此这种环境对于高校课程思政建设势必产生不利的影响,导致部分学生在课程思政建设过程中对遇到的思政内容均会产生强烈的抵触情绪。

2. 多元文化产生的冲击效应

多元文化对高校课程思政建设产生的冲击效应,主要是指其他文化对马克思主义理论的主导地位和权威属性的影响,导致部分大学生的价值观出现选择困难。

(1) 多元文化导致个人偏向性追求个人利益最大化多元文化多是以个人为中心,追求个人在自由、个性、偏好、独立等方面需求的实现,忽略了个人的批判意识和自省能力,更加忽略了集体的利益,导致大学生价值观受到影响,给高校课程思政建设顺利推进造成困难。

(2) 多元化冲击制约部分大学生正确道德品德的构建一是因为立德树人的内涵是培养大学生的大德、公德,是为共产主义服务的,但是当下多元化的文化导致部分大学生对共产主义的信仰不坚定,直接制约了道德品德构建。二是多元化文化的多元传播途径对正确的道德品德构建的制约。因为在信息化和网络化时代,多元化文化的传播多以互联网、新媒体等途径传播,导致大学生在接受碎片化的海量信息的同时,缺乏理解、缺乏分析、缺乏研究进而直接接收,再受到个人情绪的影响就会产生偏向性的价值观,间接的制约了正确道德品德构建。综合来看,多元文化对大学生的影响可以直接制约大学生道德品德等价值观的形成,直接对高校课程思政建设产生负面抑制效应。因此如何引导大学生正确的区分多元文化,进而有针对性地吸收有价值的文化信息,对于促进高校课程思政建设乃至大学生树立正确的价值观,实现立德树人的任务具有非常重要的作用。

第三章　高校课程思政与各学科专业课的协同模式

本章的主要内容为高校课程思政与各学科专业课的协同模式，依次介绍了三个方面的内容，分别协同模式的理论诠释、协同模式构建的困境，以及协同模式的路径分析。期望能够通过作者的讲解，提升大家对相关方面知识的掌握。

第一节　协同模式的理论诠释

一、高校专业课的育人功能

（一）知识传授

高校专业课有着重要的知识传授功能。一方面，传授专业知识和专业技能是高校专业课程最基本的功能。而专业课在教学的过程中，必然会与社会文化相结合，这也就意味专业课在传授专业知识和技能的同时还伴随着社会文化的传承。另一方面，专业课教学旨在解决专业问题，而在对问题的分析和研究的过程中，创新思维和创新意识必不可少。专业课在传授知识过程中，科技文化创新也在不断进行之中，如此一来，专业课的知识传授功能还具有文化创新的价值。

（二）价值引导

高校专业课程对大学生的价值导向具有极其重要的作用。首先，高校专业课教师在日常教学中的言传身教，对大学生价值观的建立具有不可替代的示范作用，专业课教师践行社会主义核心价值观，将进一步鼓励大学生社会主义核心价值观的内化；其次，专业课程本身所包含的专业要求和专业精神与社会主义核心价值观和社会主流思想相融合，充分发挥专业课在思想政治教育中的渗透作用，使大学生在学习知识的同时树立正确的价值观；最后，专业课程可以提升大学生的价值判断能力，大学生在处理校园突发事件、社会热点等问题时，可以在学习专业课程后，从专业角度进行价值分析，进而做出正确的价值判断。

（三）行为规范

一方面，专业课教师的言行举止对大学生有着重要的示范作用。榜样的力量是无穷的。专业课教师是大学生在专业领域的引路人和指路人，更是大学生的榜样。专业课教师在日常生活和教学中，遵守校纪校规、法律法规，规范自身道德行为，对大学生有着重要的引导和示范作用。在这样的引导和示范作用之下，大学生会更加懂得遵守校纪校规、行为准则。

另一方面，专业知识的学习对大学生的行为也有着一定的规范和制约作用。大学生通过对专业知识的学习，专业要求和专业精神也会随之内化于心，而在这种无声无息的影响下，大学生的行为举止会不自觉地遵循专业要求和专业精神的规范，从而养成良好的行为习惯。

二、专业课程所蕴含的育人资源

专业课程所蕴含的思想政治教育资源因其专业、学科属性不同而有所差异，但又因其都属于专业课程范畴，所以其中的育人资源也必然存在共性。本节将从专业课的课程教学和教材设计两个方面，对专业课程所蕴含的育人资源进行阐述。

（一）专业课的课程教学方面

1. 专业课的教学时长

专业课课程的教学时长包括专业课教学的单次时长和总时长，这在一定程度上决定了学生接受专业课程和专业课教师直接影响的时长。专业课教师会根据教学时长对专业教学进行安排和调整，并考量在专业教学中如何合理安排思想政治教育的所占比重。同时，在专业课教学期间，专业课教师自身的思想政治素养也会对学生有着一定的熏陶作用。例如，上海外国语大学的"翻译理论与实践"课程，专业课教师在课程上会留出十五分钟时间进行时事用语教学，以此来与学生共同探讨、学习，而非生硬地灌输给学生。这样教学时间安排既有利于提高学生上课的注意力与积极性，也使得学生有机会在课堂上关注时政热点话题，更有助于专业课教师了解学生的思想动向，并及时进行思想政治教育。

2. 专业课的专业视野

专业视野指的是因看待世界的角度不同使其对事物有着独特的见解。专业课因其专业、学科属性的不同，为学生所呈现的专业视野也会有所不同。而学生受长期处于专业学习研究的影响，在潜移默化之中也会利用专业视野去看待世界，使其对事物的看法和观点发生变化。而要实现专业课课程思政，为学生呈现一个正确的专业视野至关重要。这有助于学生树立正确、积极的世界观、人生观、价值观，帮助他们更好地践行社会主义核心价值观，成为实现中华民族伟大复兴的新时代新人。

3. 专业课的精神内涵

不同属性的专业课因其专业特点和专业要求在精神内涵上的侧重点都有所不同。比如，理科类专业课重视科学精神，工科类专业课强调工匠精神，社科类专业课注重人文精神。这些专业课课程所蕴含的精神内涵，是专业课进行思想政治教育的重要内容，而要实现专业课课程思政，就必须将专业课课程的精神内涵充分融入专业教学之中，并在专业实践中不断强化，使其内化到学生的心中。另外，在专业课教学之中必然会涉及相关领域的名人大家，他们既然可以取得在相应领域的重大成就，其在专业领域或精神品质等方面必然有一定的过人之处，将这些名人大家的过人之处充分挖掘并在课堂教学之中充分利用，对起到激励和促进的作用。以上海中医药大学的"人体解剖学"课程为例。该课程结合课程中所蕴含的尊重生命的精神内涵，融入感恩教育和责任意识教育，不仅让学生学习到了解剖技能，更引发了学生对生命意义的思考和对医学生责任意识的审视。

（二）专业课的教材设计方面

专业课教材是专业课课程中的重要部分，在专业课课程思政之下，专业课教材也必须要充分发挥其思想政治教育的作用。而要做到这一点，就必须要把握和利用专业课教材所具有的，并能够起到思想政治教育作用的特点。

1. 专业课教材的严谨性

专业课因其专业性强的特点要求在学习和研究中必须严谨，而专业课教材作为高校学生进行专业课学习的一块敲门砖，其内容的编排就必然要将严谨性放在突出位置。比如，自然科学类专业课教材中的研究数据、社会科学类专业课教材中的文字描述等，都需要秉承严谨精神方能保证教材的权威性。而这也会在一定程度上让学生感受到在专业学习和研究中严谨的重要性，从而强化学生在专业课学习和研究中的严谨意识。

2. 专业课教材的可读性

许多专业课教材注重对专业理论知识的阐述，而忽略了将专业知识与学生普遍关心的问题相结合，使其趣味性不够，可读性不强。而要增强专业课教材的可读性，一方面要将专业内容与生活实际相结合。比如，自然科学类专业课教材可以在阐释专业理论知识的同时，结合现实中的现象进行分析，让学生更真切地理解专业理论知识；社会科学类专业课教材可以结合一些社会热点话题，从而从专业角度引发学生的思考。另一方面要将专业精神、职业道德等元素融入专业课教材之中。比如，将专业领域的名人专家的生平经历进行介绍，重点突出其精神品质，让学生在学习专业知识的同时也能够寻找到自己的榜样。

3. 专业课教材的进步性

当今世界在不断发展之中，专业课程所涉及的专业领域研究也在不断深入并迈入一个又一个新的台阶。专业课教材作为高校学生了解专业领域的一个重要窗口，其涉及的专业内容也必须紧跟时代，与时俱进，不断更新。这就要求专业课教材在阐释专业领域知识技能相关内容的同时，将现阶段专业领域研究的前沿成果和方向展现给学生，让学生能够充分了解当前专业领域的发展情况及未来前进方向，从而让学生能够在学习专业知识技能的同时寻找自身的兴趣点和突破点,激发学生的开拓创新意识。

(三) 具体专业课程的育人资源

专业课虽然因其属于专业课范畴而具有一定的共性,但专业课又因其存在学科属性等方面的差异,不同的专业课又具有一定的特性。下面将以自然科学类和社会科学类专业课程为例,对不同属性的专业课所具有的特性进行阐述。

1. 自然科学类专业课课程育人资源

(1) 自然科学与思想政治教育的内在关系

一方面,自然科学是思想政治教育指导思想和核心内容的重要来源。首先,马克思主义理论是我国高校思想政治教育的指导思想和核心内容。其次,自然科学是马克思主义理论的重要来源。因此,自然科学是思想政治教育指导思想和核心内容的重要来源,两者密切相关。

另一方面,自然科学是实现思想政治教育目标的重要载体。我国思想政治教育的目标是为我国社会主义现代化发展培养出德才兼备、德智体美劳全面发展的社会主义建设者和接班人。而自然科学中将引导学生"求真创新"的科学精神,与引导学生"关注人类与社会"的人文精神相融合,是实现这一思想政治教育目标的重要载体。自然科学中的自然精神随着自然科学研究的不断深入而不断发展演化。而在真正理解其中的科学精神、对科学本身有一个整体认识之后便会发现,在人们在对自然科学的探索和研究中,"求真创新"是科学精神最核心的内涵。这一核心内涵,以及由其衍生出的一系列精神品质,是自然科学带给人类的宝贵精神财富。而自然科学中的人文精神,自近代科学诞生以来就与自然精神紧密结合,许多自然科学技术的研究和成果都体现了人文精神。比如,现代医学的发展减轻了病痛对人类的折磨,使人类的生活质量不断改善;机械化和自动化技术使人们从繁重的体力劳动之中解放出来。而这些自然科学研究和成果背后是一代又一代优秀的科学家为了社会、民族、国家、人类的未来而付出时间、精力甚至是自己宝贵的生命,这更是展现出了自然科学与人文精神的高度结合。由此可见,自然科学所承载的是实现思想政治教育目标的重要使命。

(2) 自然科学类专业课程所蕴含的思想政治教育资源

自然科学是一门从哲学中分离而出的独立学科，但在自然科学的研究过程中离不开哲学思想的指导。两者的紧密联系使得自然科学类专业课也必然蕴藏着丰富的思想政治教育资源。

一方面，自然科学类专业课所涉及的许多自然科学概念和原理运用了唯物辩证法，学生可以从中汲取营养，从而树立正确的世界观和方法论。比如在物理学中，分子、原子的相关理论有力地证明了辩证唯物论的思想，同时也能够反映出唯物辩证法中的联系观、发展观，以及辩证否定观等思想。如果专业课教师能够将这些融入课程教学之中，既能够让学生更好地理解这些专业知识内容，增强学生的分析判断能力，提高课堂教学的质量，又能够使学生在学习专业课程知识内容的同时提高对马克思主义理论的认识和理解，从而逐渐接受其指导，形成正确的世界观和方法论，达到思想政治教育的效果。

另一方面，在对自然科学类专业课程的学习和研究之中，受知识背后创造者的精神品质的影响，学生也能够在不知不觉中形成良好的作风和习惯。在对自然科学类专业课程的研究和实验中，失败在所难免。专业课教师在这时如果引导得当，对学生形成良好的精神品质是大有裨益的。同时，在一次次的失败中摸索，直至成功的体验，也能够让学生学习到认识的规律，逐步形成注重实践，实事求是的科学态度。

2. 社会科学类专业课课程育人资源

(1) 社会科学与思想政治教育的内在关系

社会科学是研究社会现象和人类思想活动，揭示人类社会发展规律的学科，它是知识的、学术的和意识形态的阐述和表现，这些特点决定了社会科学是高校思想政治教育的重要载体和有益支撑。具体而言，社会科学与思想政治教育的关系主要体现在以下三个方面：一是社会科学是高校思想政治教育的重要载体和力量；二是社会科学为思想政治教育提供了必要的学科支撑和学术资源，是思想政治理论课的有益补充；三是从课程设置来看，社会科学专业课程与思想政治理论课具有相互促进的作用，可以为彼此的发展提供帮助。

(2) 社会科学类专业课程所蕴含的思想政治教育资源

第一，绝大部分社会科学类专业课程具有鲜明的意识形态属性。社会科学类专业课程既涉及知识体系，也涉及价值体系，是科学知识教育与意识形态教育的统一。不同的社会科学类专业课程虽在知识内容、研究对象等方面有所差异，但都会涉及世界观、人生观、价值观等问题。而在这些问题上，社会科学类专业课程中有着丰富的思想政治教育资源。比如，在历史学专业课程的教学中能够让学生感悟到人民群众是历史发展的主体、人类社会发展必须依靠人民，从而使学生在学习历史学专业课程的同时增强对马克思主义唯物历史观的理解。社会科学类专业课教师要充分利用好这一点，不仅能够让学生更好地掌握社会科学类专业课程的知识体系，还能够引导和教育学生树立正确的世界观、人生观和价值观，形成崇高的责任感和使命感，坚定政治信念，以积极向上的人生理念和生活态度面对一切。

第二，社会科学类专业课程具有陶冶情操和塑造高尚品德的价值意蕴。社会科学中蕴含着丰富的道德思想和道德规范，对学生的道德素养有着重要的影响。社会科学类专业课程通过强大的理论力量，开阔了学生的眼界，提高了学生鉴别是非、善恶、美丑的能力，从而在潜移默化之中影响学生，让其明确道德目标和精神榜样，激发其追求高尚的道德情操和精神境界，从而提高其思想政治素养。

第三，社会科学专业课程对提高学生综合素质具有重要作用。一方面，社会科学专业课程可以从多角度、多方向培养学生的综合素养和实践能力，促进学生的协调发展，引导高校建设有理想、有道德、有文化、有纪律的社会主义新人。另一方面，社会科学专业课程的教学有利于培养学生理性、平和、健康的心态。

三、"课程思政"与"思政课程"专业课的协同

（一）"同行"的含义

"同行"顾名思义就是统一的行为，在"课程思政"与"思政课程"中表示的则是对于思想道德教育开展活动的一致。两者的同行就是开展统一的、一致的思想道德教育，同时两者相辅相成促进我国思想政治教育水平地不断进步。

1. 步调一致

"课程思政"和"思政课程"的步调一致更多的是从宏观层面来进行考虑的，比如政治层面、文化、理论等，这些角度的步调一致可以帮助我国在进行思想政治建设的时候，有着非常高效率的行动。同时"课程思政"在进行我国上层建筑建设的时候也要符合"思政课程"的步调，将思想道德教育进行一定程度的调整与调节，对于立德树人的思想政治教育根本目标进行实现，促进我国人才教育水平的不断发展，为我国基础建设输送源源不断的高质量人才。

2. 相互补充

"课程思政"和"思政课程"的相互补充，其实就是为了对思想政治教育的结构进行一定的优化，将该教育行为设计得更加系统、更加科学。所以在进行思想政治教育的时候一定要注意严格区分"课程思政"和"思政课程"，保证两者具有较好的独立性。同时对二者进行相应的优化，将"思政课程"与"课程思政"的内容与边界进行明确的界定，并将教育体系不断完善，促进立德树人目标的实现。

3. 相互促进

"课程思政"与"思想政治课"的相互促进，就是让"课程思政课"深入"思想政治课"，让"思想政治课"带动"课程思政课"发展。两者相互促进，共同进步。但是，在相互促进之前必须解决两个问题，如果这两个问题都不能解决，那么两者的相互促进也就无济于事了。一是"课程思政"如何推进"思想政治课"建设。课程思政有理论、科学等学科的支撑，可以不断发展"思想政治课"。其次，"课程思政课"也需要对"思想政治课"的推进进行一定的探讨。"思想政治课"可以起到积极的引导作用，在过程中有正确示范，帮助"思想政治课"在发展过程中少走弯路。在其他方面，"思想政治课"可能并不突出，但"思想政治课"始终坚持社会主义教育方向，始终及时、深刻地诠释中央精神，不断完善"思想政治课"水平，并在一定程度上促进了"课程思政"的发展。

"思政课程"其实就是最主要的思想政治教育的方式，同时它也是"课程思政"中的一部分。所以对于"课程思政"的了解不能简单片面，需要将其与"思政课程"进行统筹兼顾的分析，然后将两者在思想政治教育的过程中进行贯彻，为我国培养出高素质、高水平的人才。

（二）同向同行的紧迫性

1. 是新时代新变化的必然要求

习近平总书记在全国高校思想政治工作会上强调："做好高校思想政治工作，要因事而化、因时而进、因势而新①。"思想政治教育是为了"现实的人"，最终将归属于人的自由而全面发展的价值。因个体和群体的差异，教育对象具有较强的层次性和类别性，也被赋予了极为浓厚的时代性。现阶段，中国正处于全球经济浪潮的中心，在这种背景之下，中国在培养社会主义建设者和接班人的道路中，应该对学生起到引导作用，从更为广阔的全球视觉，对中国的发展趋势有更深入的认识，端正学生对于世界发展的态度。为积极响应这点，思政教育内容应该第一时间体现出新生代的特点，为发展中国储备充足的优秀人才。

此外，中国特色社会主义建设水平的提高，离不开新时代社会文化信心的增强，这不仅是实现中华民族伟大中国梦的必由之路，也是中国走向世界的发展基础。高校思想政治课不仅有利于培养大学生良好的价值观，也是提升大学生政治观念的有效途径。中国目前的经济发展形势虽好，但意识形态方面仍面临严峻形势。为此，必须加大青年思想建设力度，增强青年安全责任感。思想政治课程体系建设要充分考虑中国独特的历史文化，以中国国情为基础，实现爱国主义与文化品格教育的高度统一。

因此，面对变化了的新情况、新形势和新要求，要向社会输送社会主义合格建设者和接班人，"课程思想"及"思政思想"需要一同发挥积极作用，才可以产生强有力的积极影响作用，实现教书育人的最终目标。

2. 是思想政治教育的本质要求

思想政治教育是一类具有特殊意义的教育活动，不但会对人们世界观、人生观和价值观的形成产生重大影响，而且还是推动人完成社会化的关键手段。这一活动的最终目标是推动社会的进步，以及人类自由的全方位发展。思想政治教育的价值一般体现在个体及社会价值两方面。个体价值体现在：思想政治教育借助对人的关心、培养，逐步满足个体精神方面

---

① 习近平总书记在全国高校思想政治工作会议上的讲话

的需求，进而推动人的全方位发展。社会价值一般体现在：利用宣传工作，激发凝聚社会力量、达成共识，完成思想统一，降低社会资源损耗，尽最大可能完成社会整合，进而推动社会稳定发展，以及相关秩序的构建。改革开放以来，伴随着全球化的迅速发展、各类文化思想的渗透，人们的思想认识逐渐丰富。怎样在多元化中实现统一，在多样性之中抓住主导权是现阶段的当务之急。思想政治教育借助理论阐述、价值牵引的方式，促使人们形成了积极、准确的价值观及国家认同感，利用理论知识的宣扬，激发人民群众的积极性，推动社会及人际关系的和谐发展，促使社会更为公平、规范、诚信的运转。所以高校课程革新的核心任务不但要确保以往的思想政治课程不断革新，还需要积极开发各类课程的育人资源，这同时也是每位园丁的重大职责。在立德树人的教育过程中，每一位教师都必须肩负起自身应有的责任与义务，这是教育人员的历史使命和担当。

3. 是高校教育理念转变的迫切需要

"课程思政"和"思政课程"两者同向发力的提出，代表着高校教育理念的革新。教育活动在教育理念的引导下展开，唯有在准确合理的教育理念的引导下，教育活动才可以持续稳步展开。迄今为止，高校育人过度依靠思想政治理论课，却忽略了其他课程育人作用的发挥。高校思想政治教育属于系统性极强的工作，只借助思想政治理论课的开展是无法完成最后的任务目标的，这就需要我们秉持"协同育人"的工作理念，对其余课程的育人作用同样给予重视。习近平总书记指出："要用好课堂教学这个主渠道，思想政治理论课要坚持在改进中加强，提升思想政治教育亲和力和针对性，满足学生成长发展需求和期待，其他各门课都要守好一段渠、种好责任田，使各类课程与思想政治理论课同向同行，形成协同效应[1]。"协同育人理念使各所高校的老师都要将育人当作自身的首要任务及责任，并将其积极地贯穿于教育工作当中。那些认为教学同育人是相互矛盾、互相排斥的观念是不正确的。由于我国高校本质是社会主义高校，最核心的任务是培育社会主义合格建设者和接班人，所以我国高校只有从这一战略高度出发，才可以深度理解"课程思政"和"思政课程"同向同行，这一理念的重大意义。

---

[1] 习近平总书记在全国高校思想政治工作会议上的讲话

四、"课程思政"协同育人的实践依据

伴随着世界范围内思想文化的频繁交流碰撞和科学技术的迅猛发展，我国的教育事业也受到了深刻的影响，思想政治教育同样也面临新的挑战。任何历史时代都是在提出自身时代命题和解决自身现实问题的基础上不断发展进步的，"课程思政"教育理念适应了当今时代的教育发展诉求，为增强思想政治教育实效性提供了新的思路。因此，"课程思政"是一个裹挟着时代诸多发展诉求的现实命题，它有着强有力的实践依据。

（一）意识形态教育的复杂性

从根本上说，"课程思政"协同教育的实际推进，根植于思想教育的极端重要性和复杂性。作为"软力量"的意识形态标志着一定的阶级和利益集团对社会形成了独立力量，实际上它更是一定社会统治阶级根本利益的折射。对于意识形态的极端重要性，马克思在其著作中有所提及："如果从观念上来考察，那么一定的意识形式的解体足以使整个时代覆灭。[①]"所以，意识形态工作的开展既需要从顶层设计上赋予现存政治制度以合理的思想体系，又需要通过各种方式引导社会成员认同这些思想观念，使社会成员在价值选择和行为实践各方面能自觉地遵循思想观念的指引。意识形态正是通过教育的手段才为社会成员所接受并成为他们实践活动的内在依据和真实动机，意识形态掌握群众的过程是复杂的，它需要借助一定的价值符号去论证社会政治经济制度、社会决策，以及社会运行秩序的合理性，这个过程涵盖社会的方方面面。因此，意识形态教育是一项涵盖多元因素的综合议题，关键在于如何实现社会成员在行为实践、情感生成、态度倾向、价值选择、理想信念形塑等方面的内在统一，并且使以上诸多方面符合社会主流意识形态。高校承担了意识形态教育的很大一部分任务，它也是意识形态教育的重要实施场域，整合高校诸多教育资源形成意识形态教育育人合力，需要从课程这一主要的育人载体着手，通过课程搭建起个人与社会、实践活动与思想信念体系内在转化的桥梁。以课程为载体整

---

① 中央编译局编译. 马克思恩格斯文集 第 8 卷. 北京：人民出版社，2006.

合教育资源实现，意识形态教育目标需要以明晰各个学科蕴含的具体价值取向与社会主义核心价值关系为思考前提，在课程教学中为社会主流意识形态的生成创设良好的环境，以积极的思想观念引导学生在构建学科知识体系的同时形成正向的情感态度、科学的思维方式、正确的价值选择和坚定的理想信念，使学生在面对社会多元价值信息时能够自觉地倾向符合主流意识形态要求。意识形态是一个包含政治法律思想、道德、宗教、艺术、哲学等多种形式的复杂的思想体系，这正是意识形态教育和"课程思政"协同育人在教学内容上的逻辑契合点。在学科整体架构和专业知识精准把握的同时，以课程为载体推进思想政治教育体系的完善，是当前高校进行意识形态教育的迫切需要。

（二）"立德树人"根本任务实现路径的多维性

党和国家始终把培育共产主义信念和社会主义意识形态作为教育的核心要义，高校承担了育人的职责和使命。立德树人根本任务经历阶段性的演进而逐渐明晰：从中华人民共和国成立到20世纪六七十年代，教育工作主要强调对国家、中国共产党和社会主义的认同，培育爱国主义精神、社会主义觉悟和共产主义情怀，以及树立辩证唯物主义和历史唯物主义观；20世纪八九十年代强调坚持正确的政治方向和社会主义发展方向，拥护党的领导，将有理想有道德放在了"四有新人"的前列；进入21世纪，教育要重视世界观、人生观、价值观教育，坚定社会主义理想信念；新时代确立起立德树人的根本任务，在培育担当民族复兴大任的时代新人的整体规划中，将"立德"置于关键地位。由此可见党和国家一直将培育社会主义建设者和接班人作为教育主线贯穿于各个环节。要实现立德树人的根本任务单纯依靠思想政治理论课是很难取得良好成效的，可将其定位为一项系统的育人工程，从充分利用各类教育载体，拓展思想政治教育主体的外延，完善思想政治教育长效机制等多个维度，共同推进育人目标的实现。新时期意识形态教育目标的实现和立德树人根本任务的完成应该拓宽思想政治教育的辐射范围，以思政课程及各类课程为核心，以学校党委领导下的日常思想政治工作为辅助，构筑系统科学的思想政治育人环境。

"课程思政"协同育人正是从充分利用和拓展课程这一教育载体的维度，寻求立德树人根本任务实现的有效路径。新时期要求我们将思想政治工作贯彻教育教学全过程。"课程思政"协同育人以课程为载体,突破传统思想政治教育课程载体的范畴,抓住课程教学这一关键环节,使思政课和各类课程同向同行,凝聚所有课程的力量共同推进立德树人根本任务的实现,这不但能在很大程度上减少对于德育的不利因素,更抓住了德育的课程凝聚力和向心力。因此,基于新时代立德树人根本任务,和培育担当民族复兴大任的时代新人的使命,构建"课程思政"协同育人体系是顺应时代需求有效路径的选择。

(三)思想政治教育课程建设和改革的不断推进

长期以来,价值引领在高等教育中的作用仅限于思想政治理论课。在非思想政治教育专业中,思想政治教育存在"边缘化"甚至"无知"现象,这给高校思想政治教育工作发展带来了巨大挑战。为解决思想政治教育与专业素质培养的错位问题,在各类课程教学中实现知识传递与价值引导的同频共振,成为当前工作的重中之重。"课程思政"的推进,既适应了思想政治教育课程改革的需要,也是在思想政治课程改革长期实践中的探索。

"课程思政"理念也逐渐明晰和得以确立。第一个阶段依托教学各个环节强化思想政治教育,重塑青年学生对共产主义的理想信念。在 20 世纪 80 年代,党中央和国务院就有了将高校部分课程,特别是一系列思潮课作为马克思主义理论课的补充的意识。在党的十二大报告中强调了共产主义精神的重要性。随后,教育部先后印发了《关于在高等学校逐步开设共产主义思想品德课程的通知》和《关于高等学校开设共产主义思想品德课的若干规定》,坚持以马克思主义指导教育工作整体推进,以马克思主义意识形态占领育人主阵地,削弱错误思潮传播的渠道。这一时期高校以一系列思潮课程和相关讲座讨论支撑马克思主义理论课教学,并且为了回应时代变革,尤其是科学技术革命对思想领域的巨大冲击,哲学社会科学、自然科学、艺术类等学科依据自身特点,从不同领域支持马克思主义理论课的发展。这个阶段其实已经折射出党和国家将高校其他课程和马克思主义理论课共同推进思想政治教育的倾向。第二个阶段,强调马克思主义理论教育与哲学社会科学的衔接。20 世纪 90 年代,高校掀起将马克思主义最新理论成果引入教科书、课堂、思想的热潮,将马克思主义最新理论明确渗透到哲学、政治经济学、科学社会主义等思想政治理论中，积极将马克思主义最新理论成果融入哲学、社会科学相关学科教学环节。进入21世纪，教育部强调，哲学社会科学研究人员和思想政治工作者是主体，马克思主义理论是教育中的力量，认为哲学和社会科学是从属关系。中国大部分学科都有思想教育的空间，哲学社会科学课程也可以承担思想政治教育的功能。第三阶段明确提出，高校所有课程都要承担思想政治教育的责任。

第二节　协同模式构建的困境

"课程思政"理念具有深厚的理论根基和现实依据，但是这只是一个合理性维度的思考，其具体推进过程是我们关切的重点。开创"课程思政"协同育人新局面，需要理清育人过程中遇到的各种实际问题，为"课程思政"的推进减少障碍。以课程协同思想政治教育是一项系统工程，它关涉课程资源整合、教育主体协同和体制机制构建等诸多方面。树立问题意识，剖析当前课程思政开展过程中面临的一系列问题，才能精准而有效地实现各类课程和思想政治教育的衔接。

一、各类课程差异明显，难以发挥共振效应

课程作为教学的重要载体形式，在各自的学科领域下设置了具体的课程教学目标，划定了课程教学的内容范畴，并基于前两者形成了相关的课程评估体标准。"课程思政"推进过程中首先面对的就是其课程覆盖面广泛的实际情况，课程思政与原有课程之间衔接精准度不高是当前工作面临的一大困难。在不消解各类课程原有教学目标科学化和教学内容专业化的基础上，都种好"责任田"发挥思想政治教育功能是当前落实"课程思政"协同育人的重点和难点。就目前状况来看，由于原有各类课程在教学目标和内容等方面存在明显差异，影响"课程思政"目标实现，并且挤压了"课程思政"育人空间，同时这也是各类课程协同过程面临的现实问

题，一个客观存在的现实，课程协同还面临以下诸多困境亟待解决。

（一）教学目标差异明显，影响理想目标实现

相对于国家人才培养目标和学校培养目标来说，课程教学目标作为微观层面的教育目的指导着教学实践，它规定了教学知识范畴，以及学生能力培养方向，是趋向具体化的培养目标。各类课程教学目标差异显著，分别着重于学生不同的发展方向。这一客观现实本身就增加了从各个较为具化的课程目标中整合"课程思政"教学目标的难度，影响了"课程思政"协同育人理想目标的实现。当前，我国高校课程体系庞大且在具体教学过程中不断调整，课程目标也以所属学科为制订依据而具体落实，大多数任课教师都将重点放在如何实现本课程教学目标上，在这样的宏观背景下要凸显"课程思政"目标不会自发实现。

首先，从动态发展过程来看，伴随着学科、课程的分化与综合，有所涉及的课程会将绝大部分的精力置于课程目标的调整和重构上。科学的变革和发展是导致学科和课程综合与分化的直接原因，科学是对自然界、人类社会，以及人类思维纵深发展的回应，其中渗透着文化价值观和意识形态等诸多因素。学科和课程作为科学在学校教育领域的重要表现形式，相应地，两者也随着科学的发展与变革而调整。新技术革命如火如荼地开展和劳动分工的不断精细化，为学科、课程的分化提供了现实推动力。科技、社会发展日益复杂化，高校课程的综合趋势集中体现在交叉学科的出现，横向上的自然科学和人文社会科学之间及两者内部的交叉，纵向上的基础理论研究和应用开发研究之间的融合。在课程的分化与综合过程中，课程设置会随之发生调整，教学人员会将重心放在相关课程目标的实现上，并不会去探寻课程的文化底蕴和剖析课程蕴含的价值观目标。因此，这无疑在部分所涉课程范围内使得"课程思政"目标被冲散甚至"边缘化"，难以运用课程载体实现协同思想政治教育目标的实现。

其次，各类课程教学目标差异显著，如何在众多课程目标中凝聚"课程思政"目标是当前实际教学面临的难点。高校教育树立起"学科高墙"，各个学科领域下的各类课程目标具有明显的学科分界感。在现代化教育背景下，我国高等教育实施的是划分学科、明确专业的教学模式，致力于培养符合社会需求的专门化人才。这种培养模式的合理性于学生而言，在于

为其步入工作岗位提供一个恰到好处的衔接点，快速适应角色的转变，使其在短时间内可以增强职业获得感并寻找到个人价值。各个专业学科尤其是理工科设置的课程目标，多以技术知识和实践运用为导向，这与当代社会分工精细化不断加深的时代背景相契合。但是我们也可以窥见实现"课程思政"的极大可能性，因为从总体上来看，哲学社会科学类课程除了落实具体课程的专业知识外，还强调人文精神的熏陶，尊重人的价值，依靠人文文化的力量塑造人的现实生活和精神世界，从情感交流、人文情怀彰显到生命真谛的探索去推进人文教育；自然科学类课程在培养学生专门化的技术知识的同时也注重科学精神的培育，在科学理性和工具理性的作用下凸显科学技术的价值，强调运用科学技术和科学思维方式去形塑人的物质世界和现实生活，着眼于科技教育去追求科学世界的真理。"课程思政"目标更接近全面育人的理想目标，在功利主义、实用主义价值取向的冲击下，要想将各个专业课程置于思想政治教育目标实现的统筹之下，就要关注并且实现教育对象的思想认知，道德情感和价值观等诸多维度的目标，从当前实际情况来看还存在着不同程度的缺位。各类课程目标培养指向明显，具有差异性和排他性，在追求专门化育人目标的过程中可能会导致"课程思政"目标被持续"边缘化"，影响依托课程实现思想政治教育育人目标现实的可能性。

（二）教学内容庞大，增加挖掘思政资源难度

当前我国高等教育采取划分学科、分门别类的专业化育人模式，各门、各类课程必然具有鲜明的学科属性，其中承载着众多的专业知识内容。高校各类课程知识体系结构相对稳定，以既定的教学内容为着力点遵循相应的教学规律塑造专业人才。所以就课程教学内容而言，各类课程的教学内容因学科专业领域不同而呈现出显著差异性，各自研究的问题域和话语方式也存在着明显的专业界限。如何保持专业知识教育和思想政治教育两者之间的平衡，是一个尚待进一步解决的问题。在"课程思政"背景下，更是将课程体系这一整体框架置于价值观培育的合理性维度之中，这无疑给"课程思政"育人精准挖掘思想政治教育资源带来了实践环节的难度。

当前高校教学普遍存在"学科高墙"和"专业壁垒"等问题，难以在

众多课程内容中甄选出思想政治教育内容。进入新时代,党和国家比以往任何时候重视思想政治教育,强调要将思想政治工作贯穿于教育教学全过程,将思政之"盐"融入教育之"汤",以期实现立德树人的根本教育目标。不难看出党和国家对思想政治教育的定位,不再局限于隐性思想政治教育范畴,而是要将其他课程尤其是专业课纳入思想政治教育作用的范畴,将其逐渐构建成一门"显学"。但是从"课程思政"实际推进过程来看,其现实状况并不如设想那般乐观,最为明显的就是"课程思政"依然会陷于"形式化"之中。一方面是源于思想政治教育自身的"形式化"问题突出进而影响高校整个学科体系对于"课程思政"的认同感;另一方面是在实际教学过程中,任课教师不能精准划定能够有效进行思想政治教育的内容载体,难以避免自圆其说的情况而降低"课程思政"的说服性。虽然各门学科和各类课程都承担着育人的功能,但也正是这种学科界限使得课程教学内容丰富且各具特点。"课程思政"要想作用于各门学科和各个专业课程,重要一环就是如何根据课程特点寻求思想政治教育切入口,明确哪部分课程内容能够精准地与思想政治教育进行有效衔接。如何依托教学内容在各类课程中寻求思想认知、道德情感、意识形态和价值观教育,成为当前"课程思政"有效推进过程中首先要破解的现实问题。

专业课程缺乏价值引领模糊了"课程思政"的内容范畴,带来了何种课程内容为思想政治教育资源的思想困惑。十九大以来,在中国特色社会主义新的时代定位中,高校始终坚持社会主义办学方向,遵循党对意识形态工作的领导,致力于实现立德树人的根本任务。在新的历史时期,高校的教学视野不断开拓,教育现代化的目标和社会主义办学方向得以巩固。新时代背景下,要办好中国特色社会主义大学,就必须将社会主义核心价值观的培育和践行置于教学环节,教师要牢记教书与育人的使命,达到知识传授与价值引领同频共振的理想状态。这是高校人才培养具有前瞻性和战略性的一种体现,高等教育既要重视真理性问题也要突出价值性问题。各类课程体系有着既定的专业内容规范,旨在运用科学教学方法和科学思维方式培养极具专业素养的专门化人才,在探寻世界真理性的同时实现个体的职业需求。因此,不同专业课程的教学内容存在显著差异,需要在整个课程体系中重视专业课程的价值导向。"价值的内容来自特定的位置或视角,而不是整个视角的整体视角。换句话说,在价值逻辑中,不可能有包含所有视角和位置可能性的价值,即使是以价值中立或最高价值的方式出现的价值,也永远不能包含所有的观点或立场,总是先肯定某些价值,同时否定某些价值。"课程本身包含价值选择,它不是作为一个价值无涉的实体而出现的,我们可以从某一学科或者某个专业的视角和立场去求证某种价值,所以专业课程教学理应不该出现价值缺位的现象。例如,自然科学类课程与思想、政治和价值的关联性不强,它们一般将解释客观世界的一般规律、探寻科学的真理性视为重心,但是在科学共同体中渗透着文化传统、科学思维和工匠精神等诸多方面,这自然为专业课的价值引领打开了切口。从当前课程设置的逻辑来看,课程对最高价值的诉求也不可能从一切视角出发,都要从不同的学科视域依托课程内容来实现。我们的所有学科课程都处于新时代中国特色社会主义大环境中,这也为专业课程价值引领提供了有益的生长环境。然而在实际的专业课程教学中却仍然出现了知识与价值难以平衡的局面,专业课程所传授的知识若缺少价值导向,单纯以知识形态呈现而未能进入人的思想认识层面,这很难打破"课程思政"育人的专业局限。当前专业课程协同进行思想政治教育的重点和难点就在于,如何精准厘定蕴含价值观教育可行性的那部分课程内容,因为课程价值的展现程度建立在知识内容的基础上,专业课程价值引领作用的缺失,或者弱化对于"课程思政"来说相当于致命一击。知识与价值的对立既是"课程思政"力图弱化的一对关系,也是当前专业课程协同思想政治教育在认知思维层面需要突破的难关。

二、教育主体力量分散,难以发挥"协同效应"

恩格斯指出,历史是这样创造的:最终的结果总是从许多单个的意志的相互冲突中产生出来的,而其中每一个意志,又是由于许多特殊的生活条件,才成为它所成为的那样。这样就有无数互相交错的力量,有无数个力的平行四边形,而由此产生出一个总的结果,即历史事变,这个结果又可以看作一个作为整体的、不自觉地和不自主地起着作用的力量的产物。①社会和历史的发展是无数个体意志和力量相互作用的结果,推动事物发展

---

① 马克思,恩格斯. 马克思恩格斯选集:第4卷 [M]. 北京:人民出版社,1966

的力量不是单一的，它们有着内在的逻辑联系。这种认识同样适用于"课程思政"育人实践，"课程思政"迫切需要由诸多方面作用下生成整体合力，进而实现协同育人理性目标，教育主体是"课程思政"育人系统中的子系统，缺少教育主体这一子合力的作用，也就难以发挥"课程思政"的整体协同效应。从当前高校开展"课程思政"育人现状来看，教育主体对"课程思政"的认知及认同度，和教育主体之间互动合作力度尚待提升。

（一）专业课教师对课程思政的认知不到位

长期以来思想政治教育工作都面临着思政课和专业课"两张皮"的现实难题，如何扭转思想政治教育在专业知识课程领域被"边缘化"的局面是当前工作的重大任务。各教育主体特别是专业课教师对"课程思政"理念的价值认同不够，如何完成思想理念上的"破冰"，将这一新的教育教学理念自发自觉地运用于课程教学实践当中仍是关键问题之所在。

专业课教师作为学校教育的主要力量与学生进行直接的频繁的互动，他们对"课程思政"理念的认知度和认同度将在很大程度上影响"课程思政"的实效性。专业教师对课程思政认知不到位主要体现在以下两个方面。其一，模糊了思政课程和"课程思政"的辩证关系。把握思政课程和"课程思政"的关系，是贯彻"课程思政"理念的前提，但是很多专业课教师都没有充分认识到两者在目标和任务的共性，以及两者教学内容的相关性。部分专业课教师没有意识到自身在引导学生价值观形塑方面的重大作用，视知识传授和价值领域对立的目标追求，将思想政治教育功能的实现囿于思政课教学领域；专业课程中的思想政治教育元素和思政课程的教学内容，构成了"课程思政"的内容体系。其二，对于课程思政价值认同的偏离，有的专业课教师甚至质疑"课程思政"价值是否存在。在各学科分门别类的教学模式下，单学科育人的固化思维仍存在于部分专业课教师的头脑之中，将思想政治教育的价值观引领和意识形态形塑视为思政课教师的责任，对于自身的教学任务定位为知识和技能的传授，并且在专业技术性较强的某些理工科院系，其专业课教师对该学科是否具有思想政治教育功能存在思想困惑，大多倾向于从事单纯地教学和科研活动，从而将"课程思政"理念落实和思想政治教育目标实现，排除在自身工作范畴之外。对"课程思政"主观认知上的缺陷必定会导致专业课教师难以融入全员、全方位、全过程育人的思想政治教育育人格局之中，推进专业课教师思想理念层面的"破冰"是实现"课程思政"协同育人的工作要点。

（二）专业课教师开展课程思政能力不足

将思想政治教育巧妙嵌入专业课程教学中是对专业课教师能力的一大考验，专业课教师的能力和素养是影响"课程思政"效能的核心变量。要实现思想政治教育"基因式"融入专业课程教学之中，既要求专业课教师有过硬的知识储备和专业技能，又需要其具备有效衔接思想政治教育的理论素养，和开展专业思想政治教育的技巧。显然，从总体范围来看，专业课教师诸方面的能力存在不同程度的欠缺。

"课程思政"对专业课教师提出了更高的能力要求。一是具备过硬的思想政治素养，专业课教师要遵循社会主义办学方向和正确的政治方向，对教书育人保持极高的热情和强烈的使命感。思想政治素养是激发教师自我完善的内在动力，对教师的科学文化素养、专业技术素质等方面起着方向引领的作用，这正是"课程思政"强调知识传授与价值引领并行对于教师素养的本质要求。二是掌握一定的马克思主义理论基础知识，专业课教师要想在教学中渗透思想政治教育，足够的理论知识贮备和理论敏锐度是基本前提，要达到"课程思政"对专业课教师所期许的理论素养标准，用理论武装自己的头脑才能在实际教学中说服学生，才能以完善的"课程思政"教学逻辑提升学生的认同感和获得感。三是掌握依托专业课程进行思想政治教育的技巧和方法。这要求专业课教师在一定程度上掌握学生的思想认知发展规律和思想政治教育教学规律，发掘专业知识与思想政治教育的内在相关性，这是推进"课程思政"的实践保证。在这种多维能力体系要求下，专业课教师仍然在以上几个方面存在着能力短板，受学习和工作环境的影响，较难在短时间内从根本上改变这种现状。其一，由于受学科专业背景的影响，大多数专业课教师未经系统、科学的马克思主义理论教育是客观事实，在理论知识贮备和理论驾驭能力等方面存在明显劣势。其二，长期以来重专业知识教育和技能传授，而忽视价值观引领的局面并没有从根本上得以扭转，思想政治教育的"孤岛"困境使得专业课教师缺乏提升自身思想政治教育技能的内在动力。如何化解专业课教师对"课程思政"的认同危机，促成他们在实践教学环节落实思想政治教育对能力有着更高的要求。突破专业课教师开展"课程思政"的能力局限，建立"课程思政"长效学习机制势在必行，唯有如此才能让专业课教师达成对"课程思政""真信"和"真教"的理想状态。

（三）教育主体之间协同效力不足

"课程思政"要求充分利用好课堂教学这一主渠道，促成各类课程"种"好思想政治教育"责任田"。"课程思政"育人效力的发挥既取决于其育人系统构成要素各自的存在状态，又取决于系统各要素之间的相互作用程度。以课程协同实现思想政治教育改革关涉教育教学各个环节，需要在学校党委的牵头带领下，通过各专业院系和思想政治教育行政工作部门共同搭建课程思政平台，鼓励和引导思政教师和专业教师开展教研讨论，凝聚思政专业和其他专业的育人合力。换言之，"课程思政"教学实效性的提升需要高校内部各部门创设协同育人环境，加强思政课教师和专业课教师之间的交流与协作。从整体上看，"课程思政"教育主体的协同力度不足是现实存在的客观实际。

首先，从思想政治教育管理层面来看，学校党委、宣传部、团委、教务处和学工处等职能管理部门，还未明确自身在"课程思政"建设中的职责。有的高校响应"课程思政"改革，设立了由多个部门的核心人员组成的领导工作小组，但由于难以制订管理方案和实施细则而被搁置起来，小组工作名存实亡、流于形式。学校管理层面相关工作的欠缺给课程思政科学化、规范化运行带来了难度。其次，从教师教学环节来看，思政课教师和专业课教师由于各自的教学任务不同并且存在课程定位差异，两者的教学活动几乎处于平行的状态，缺少有效的沟通交流协作。即便是两者有意识自发地尝试去交流合作，也会因为各自固有的思维模式局限，而难以打开有效交流对话的切口，加之各自时间精力有限，特别是各位专业课教师教学科研任务繁重，而导致常态化的有效沟通难以持续。再次，从各院系之间的协作来看，马克思主义学院应该在学校党委的带领下，积极主动开展与其他学院的沟通对话，从学院整体布局的维度将"课程思政"纳入发展规划之中。然而，从当前的实际工作情况而言，虽然有马克思主义学院在"课程思政"推进中具备发挥协同引领作用的实力，但是其他学院特别是理工科学院的配合度不高，学院之间难以建构有效的协作平台。最后，从校际的合作来看，主要通过交流座谈会的形式将重点集中在各自"课程思政"建设具体内容的展示和经验的分享，这种合作模式下积累的经验过于抽象和泛化，很难让一线教师体验到"课程思政"教学各个具体环节设计的精妙之处。所以学校之间急切需要加强师资队伍的双向流动，提供教师观摩学习"课程思政"特色课程的机会，体验课堂教学的真实情境，真正将彼此的交流学习效果最大化成为校际需要突破的重点。

三、课程思政协同育人体制机制不完善

目前高校对"课程思政"建设做出了有益的探索，积极倡导在教学实践环节适当引入"课程思政"育人理念，并且在多方支持下形成了一系列示范课程。但在整体规划、实际运行和评估体系等维度给予的制度支撑相对薄弱。育人体制机制呈现出非规范化甚至是缺位的现象，使得"课程思政"协同育人难以真正落到实处。

（一）顶层设计碎片化，主体责任不清

"课程思政"育人体系蕴含着一个多元主体集合，包括学校党委及其领导下的各学院党委、教学管理部门和学生工作组织，应当将这一新教学理念的实施置于学校战略高度，从顶层设计的总体规划视角明晰各个主体的工作责任范畴，即尽可能设计好"课程思政"队伍建设的目标并搭建好总体建设框架。显然，高校内部结构分明，分工明确，各个职能部门各司其职，可以保障高校各项工作科学有序开展，但"课程思政"理念下构建的全员全课程思想政治教育模式需要各职能部门的协同配合。然而将"课程思政"工作介入各个部门会引发原有职能部门工作的系统性调整，涉及很多具体环节与要与"课程思政"进行衔接。相关部门工作的落实需要以顶层设计的总体规划维度为起点，将各个职能部门纳入"课程思政"教学改革系统，诸如教务处、教师发展中心、人事处等职能部门的职责的明确规划。因此，在分工如此细化的体系下，高校内部各部门界限感强烈，各部门不会自发地承担起"课程思政"建设的主体责任，若想将它们共同纳入"课程思政"的工作进展之中，还需抓好顶层设计，明确划分各职能部门有关"课程思政"建设的相关任务。

（二）制度建构有待落实

在推进"课程思政"实际教学的过程中，尚存在相关制度建构效力不足甚至是缺位的情况。首先，长效学习机制和集体备课制度需要进一步落实和完善。"课程思政"协同育人作为一种新的思想政治教育育人模式，教学主体特别是专业课教师有一个适应和学习的过程。专业课教师受其学科专业背景的影响，绝大部分尚不具备科学系统的思想政治教育理论基础，以及有效的教学方法。因此，一方面，专业课师资队伍真正融入"课程思政"建设队伍要将长效学习机制贯穿于始终，通过制度化的学习形式不断强化专业课教师对"课程思政"的理解和执行能力；另一方面，鉴于专业课教师以往形成的固定的教学范式和程序，他们在课堂教学中往往忽视对学生价值判断能力和价值形塑能力的培养，为了保证专业课能够辐射到思想政治教育内容而提前做好教学准备尤为必要，对于如何在专业知识传授过程中精准把握思想政治教育切入口需群策群力，创设集体备课制度发挥教师群体的集体智慧。其次，合作对话机制建设力度有待加强。对于高校思政课教师而言，他们承担了全校范围内的公共课教学任务并且还承担着所属学科专业的教学和科研任务，他们参与"课程思政"建设的时间精力有限。对于各专业课教师而言，他们更加缺少主动融入"课程思政"的自觉意识。因此，激发课程的育人合力需要加强教学平台建设，促进对话交流与资源共享。最后，维持"课程思政"教学的保障制度薄弱。从现实维度来看，无论是专业课教师还是思政课教师，对于"课程思政"的专注度都尚待提高，其中不乏有人将"课程思政"视为自身教学科研以外的附加事物，除了大力倡导教师教书育人的责任感和使命感，亦可从奖励机制的角度，既给教师提供相应的保障，又为"课程思政"注入发展动力。由于当前高校对"课程思政"的相关保障配套机制考虑的欠缺，还未能完全解除广大教师的后顾之忧，应该以相应的奖励措施对教师投入"课程思政"建设加以支持与鼓励，为他们提供专项经费扶持以加大优秀示范课程的开发力度，和提升"课程思政"课堂教学的积极性、成就感。

（三）教学评估机制滞后

教学评估同样是整个教学实践过程的重要环节，依据细化的评估标准通过专业的具有针对性的评价话语进行反馈，是提升教学效果的重要步骤。目前，"课程思政"教学评估的核心问题是专业教学评估小组面临重组、评价标准亟待制订和跟进。现行的教学评估以学科专业教学过程和结果为评价依据，有专门的教学质量管控机构、评估方式以及评估标准。面对"课程思政"教学改革的深入推进理所当然需要建构与之匹配的评价机制。其一，"课程思政"教学评估任务实施的主体模糊，缺乏专门的评估机构规范开展相关工作。因为"课程思政"蕴含了思想政治教育有机融入专业课教学这一新的总体教学要求，评估操作主体既要有权威机构的支撑，又要具备给予"课程思政"有效评价的能力，这正是目前"课程思政"主体所欠缺的。"课程思政"教学评估的主体责任由谁承担，学校原有的教学质量管控部门是否有能力开展有效的"课程思政"评估有待进一步明确，因此组建专业的教学评估工作小组，将德高望重的专业教师和经验丰富的思政教师纳入其中尤为必要，这将在一定程度上改善了评估主体模糊，互相推诿的状况。其二，原有的教学评估体系与标准与当前"课程思政"建设实际不相符。在当前宏观的学术评价体系下，呈现出重科研轻教学的畸形状态，这客观上挤压了"课程思政"的展开空间，甚至直接导致"课程思政"教学环节的缺失。"课程思政"建设涉及专业课程教学中的思想政治教育效果评价，即要评估学生正向价值判断和价值形塑的能力以及内生动力如何。因此，这不同于以往仅在专业领域进行评估，还应从学生身心成长和价值取向等维度进行综合考量。一方面，要对"课程思政"进行教学过程性评价，即教师在专业课教学中是否具有开展思想政治教育的意识，以及采用的"课程思政"教学方法是否实现了专业知识与思想政治教育的自然衔接。另一方面，对于教学效果的评估既要着眼于学生对专业知识的掌握和运用能力的考评，又要建立起学生情感态度转化、价值选择和信仰形塑方面的考察指标。"课程思政"致力于将专业课中的思想政治教育内化于心、外化于行，所以"课程思政"教学效果难以拥有一个量化指标，无法通过直接的学业水平测试赋予分值，当前的教学评估标准给"课程思政"教学评估带来了较大的困难，需要拟定新的标准并及时运用跟进。

综上，在推进"课程思政"协同育人进程中面临着如何将专业课教学和思想政治教育进行精准衔接，实现"课程思政"教学目标；如何集中教育主体力量发挥协同育人效应；如何创新"课程思政"协同育人体制机制等现实难题。这些问题都是"课程思政"在现行高校教育环境下面临的挑战，分析把握其协同育人困境对于为"课程思政"协同育人提供具有针对性的建设方案有重要意义。

四、"课程思政"协同思政课程推进程度不平衡

限于思想认识、能力水平等方面的主观因素，"课程思政"协同思政课程存在着学校与学校之间、学院（系）与学院（之间）、课程与课程之间、教师与教师之间等方面的不平衡。

（一）学校与学校之间的不平衡

推进"课程思政"存在着地区与地区之间的不平衡，学校与学校之间的不平衡。地区之间的差距及学校之间的差距可以说是一个长期存在的差距，但是我们不能因为差距存在的长期性而放弃改变差距、缩小差距的愿望和努力。差距的存在既有客观原因，更有主观原因，其中主观原因占着主导地位。当人们的思想观念停留在传统的观念时，人们的行为就会按部就班，就会安于现状；反之，观念更新及时，发展就会步入良性轨道，甚至实现超常规发展。从改革开放以来的实践中充分证明了，中国经济社会能够实现跨越式的发展，其中最为重要的原因之一就是不断更新发展观念。高校的发展同样适用这种道路，高校的发展快慢同样受制于思想观念，国内近几年来崛起的不少高校就得益于观念更新。比如，华中科技大学（原华中工学院）作为一所以理工见长的工科类院校，20世纪90年代开始，高度重视人文教育，率先在全国高校推进人文素质教育，实现思想理工与人文的融合，学校在短短的时间内快速发展起来，跻身全国高校第一方阵。总体来看在推进"课程思政"以及实现"课程思政"与思政课程协同的过程中，目前存在着学校与学校之间的不平衡。

（二）学院与学院之间的不平衡

推进"课程思政"存在着学院（系）与学院（系）之间的不平衡，主要有以下几方面表现。一是重视程度不平衡，有的学院（系）重视，行

动迅速，有的学院（系）不太重视，行动迟缓；二是推进力度不平衡，有的学院（系）积极响应中央要求和学校部署，采取得力措施鼓励和激励教师开展"课程思政"理论和实践探索，"课程思政"的责任主体——教师的责任意识、创造意识得到充分发掘；而有的学院（系）停留在一般号召、一般布置，没有拿出有效的激励措施，"课程思政"的责任主体——教师的责任意识、创造意识没有激活，"课程思政"推进举步维艰。三是推进的成效不平衡，思想上重视、措施上得力的院（系）能够获得较多的项目、经费等资源，从而产出较多的"课程思政"成果；而思想上不重视、措施上不到位、行动上迟缓的学院（系）在项目、经费、成果等方面相形见绌；等等。

（三）课程与课程之间的不平衡

课程是"课程思政"的唯一载体，"课程思政"依托思想政治理论课以外的各门课程，因此思想政治理论课以外的各类课程又是"课程思政"的主要载体。教师是课程的责任主体，也是"课程思政"的责任主体，高校教师有学科专业之别、学历职称之别、思想境界之别等。学科专业背景、学历职称高低、思想境界优劣都是影响"课程思政"实施的重要因素，但不是决定因素。这些差别的存在是客观的，我们不能一味地、不切实际地要求所有教师整齐划一。但是，在教学中，特别是在推进"课程思政"的教学实践中，教师自身的主客观因素可以通过自身努力得到改变。一直以来，在不少高校教师中，特别强调自身的学科专业背景，强调自己的"教师"身份，把"教书"与"育人"割裂开来，个别教师甚至把思想政治理论课、"课程思政"与专业课程教育对立起来，这种现象才是导致"课程思政"推进过程中，课程与课程之间不平衡的关键原因。

实现课程与课程之间的平衡，客观地说，它只是一种目标，一种愿景，一种努力的方向，平衡只是相对的平衡，不可能有绝对的平衡，只要广大教师在思想上重视"课程思政"的价值，在行动上给予"课程思政"必要的精力，就能实现"课程思政"协同思政课程的理想状态。

关于"课程思政"协同思政课程存在的问题远不止这些，但这些问题是主要问题，也是普遍问题，同时这些问题又是"课程思政"协同思政课程不力的主要原因。

五、资金、技术、人员等方面的保障不到位

高校课程思政建设的协作层面存在的问题,究其原因主要是因为课程思政建设在资金、技术、人员等方面的保障不到位。资金、技术和人员的缺乏直接或间接地导致科研项目开展缓慢和系统平台开发跟不上需求。下面将从上述两个方面进行论述。

(一)各地区科研资金支持力度存在较大不同

由于高校课程思政建设是全国性的,而科研作为推动高校课程思政建设的有力渠道之一,是对高校课堂课程思政建设的重要补充,对于丰富高校课程思政建设的相关理论,打造高校课思政建设科研体系具有重要作用。但由于我国经济发展在地区层面的异质性,各个地区对于课程思政建设的资金支持力度是基于地方财政支撑力度而制定的。因此,对于经济发达地区而言,政府对于高校课程思政建设的资金支持力度是相对充足的;对于经济欠发达地区,政府对于高校课程思政建设的资金支持力度则相对较弱。

(二)平台开发难以及时满足教学线上需求

从技术层面来看,在信息化技术快速发展的时代下,高校在线上教学,或者课堂教学系统的使用和研发上都存在显著的差异。考虑到技术的更新、软件的迭代、教师的培训等方面,需要较大人力物力投入,因此对于相关系统平台的开发总是很难及时满足课堂教学或者是线上教学的需求。另外,就项目本身而言,项目立项、项目开发、项目管理、项目资金使用等方面是一个周期相对较长的过程,需要大量的管理协调、技术调试,直接决定了系统平台开发存在滞后性。从高校课程思政建设来看,同样存在上述问题。倘若想打造一套规范、统一,并适合全校或者是全地区高校课程思政建设的系统平台,则同样会存在上述问题。因此,提请建议相关部门从机制层面进行优化,尤其体现在过程上,需要简化流程、弱化审批、增强数据贯通性。

第三节　协同模式的路径分析

一、遵循协同育人的原则

（一）政治性原则

进入新时代，党和国家比以往任何时候都更具有道路自信和制度自信，我国的教育事业也要更好地为社会主义建设服务。高校是一个学术交流、文化集中、价值观碰撞和社会思潮激荡的开放的场域，也是意识形态工作的前沿阵地。因此，必然要用马克思主义去占领这个意识形态斗争的前沿阵地，尤其要重视将近平新时代中国特色社会主义思想这一马克思主义中国化最新理论成果引入教材、融入课堂。"课程思政"协同育人的初衷是为了完善思想政治教育，所以推进"课程思政"育人工作顺利开展首要应当坚持政治性原则。教师要确保自身政治立场毫不动摇，拥护党对我国高等教育事业的领导，坚持社会主义办学方向，积极践行社会主义核心价值观。

各教学主体在推进"课程思政"协同育人进程中坚持政治性原则，首先，要立足于社会主义教育实际，遵循社会主义办学方向，保证育人方向不出现偏差。确保育人方向的正确性就是要旗帜鲜明地用马克思主义去占领意识形态斗争的前沿阵地，态度鲜明地抵制各种错误思潮，弘扬社会主义核心价值观，培育担当民族复兴大任的时代新人。其次，要在课堂教学内容方面把好关，教师应当具备敏锐的洞察力和有效辨别与批判的能力，针对引发学生思想观念困惑的内容，进行重点剖析、专题讲解和有效整合。只有坚定政治原则，坚持社会主义育人方向才能保证"课程思政"育人总体方向的正确性。

(二)可行性原则

人的实践活动要顺利开展必然建立在可行、可操作的基础上。相应的,"课程思政"作为一项育人实践活动,也要从其育人的现实状况出发,坚持可行性原则,寻求可行的育人实施方案。课程不是一个价值无涉的实体,知识与价值是蕴于课程之中的双重追求。

"课程思政"相对于以往各类的课程教学而言,它超越了课程仅传授知识的认知局限,更增加了价值观维度的教学考量。根据教育主体要有效开展"课程思政"教学,精准挖掘各类课程中的思想政治教育资源,实现知识传授与价值引领的课程教学诉求,就需要从以下几方面严格遵循可行性原则。

首先,要协调好各类课程和思想政治理论课之间的关系,即实现此两者同向同行,共同发挥思想政治教育育人作用。探索"课程思政"协同育人模式是为了解决专业课教学同思想政治教育脱节的问题,优化高校思想政治教育的整体环境。"课程思政"不是单纯地对某一类课程增添思想政治教育因素,而是包含思想政治理论课在内的各类课程的整体育人体系的建构。所以,要想让"课程思政"协同育人顺利开展,就要处理好各类课程和思想政治理论课的关系,意识到"课程思政"对于实现立德树人根本任务的重要性,推动各类课程和思想政治理论课在教学实践中步调一致发挥协同效力。其次,要明确"课程思政"协同育人的主体,这是落实其教学活动的前提。需要注意的是,从广义上来看,"课程思政"协同育人的主体不仅仅局限于各专业课教师,也包含思政课教师和思想政治工作部门。最后,要在课堂中精准把握教学内容和思想政治教育的内在关联,挖掘蕴于其中的思想政治教育资源。因为,课堂作为育人主渠道自然也是"课程思政"最为直接的载体,只有实现专业课教学与思想政治教育恰到好处的衔接,才能让学生认同"课程思政"的价值并且积极参与到互动交流之中。

"课程思政"建设过程中需要注意以下方面:首先,每所高校都有自己的发展规划和办学特色,在坚持社会主义办学方向的同时,还应遵循思想政治教育规律和思想政治工作运行规律,通过进一步加强和完善"课程思政"工作和建设方案,凸显学校在课程设置、课堂教学和师资队伍体系等方面的特点，围绕自身的人才培养目标促成本校的"课程思政"特色，进而彰显学校思想政治教育特点；其次，要跟随时代发展脉搏，从新的教学环境和当代青年成长、成才规律着手，不断进行教学理念和教学方法的改革创新，赋予"课程思政"育人鲜明的时代特色，推进"课程思政"时代化、科学化；最后，要根据课程实际教学情况，精准抓住专业课程中包含的能够有效地开展思想政治教育的内容载体，这样才能避免"课程思政"育人流于形式，保证其顺利有效开展系列教育活动。

二、抓住协同育人契机

抓住协同育人契机，目的在于优化具体工作结构。协同是共性和个性的统一，是原则性和独立性的统一。既要发挥主渠道与主阵地的各自优势，也要保证大学生思想政治教育整体的任务完成。因此，"协同"不是强硬的融入和嫁接，而是需要找准合理的切入点、时间点和突破点，把握好协同契机，巧妙地在工作中实现同向同行。

（一）发掘协同的合理切入点

主渠道与主阵地的协同不是生硬嫁接或者机械叠加，而要善于发掘两者协同的合理切入点，从这些切入点出发，能够优化协同育人的教育过程。

一是将思政课实践教学环节与大学生社会实践结合起来。思政课的实践教学，通过课内外调研、采访、讨论、演讲等多种形式，让学生直接获得现实的切身体会，在实践中深化对理论的理解和感悟。而大学生社会实践活动以走访调研、支援服务、公益宣传、参观学习等形式开展，引导学生走出校门，与社会进行接触社会，增强对社会的认识和了解。从一定程度上说，思政课实践教学与大学生思想政治教育具有相似之处，都凸出了育人的实践性。寻找两者协同的切入点，一方面，可以在社会实践中实施思政课实践教学，如组织学生参观红色基地、博物馆、烈士陵园等活动，教师在这些活动中可以渗透思想政治教育的内容，如爱国主义、中国精神等，以鲜活的体验和案例吸引学生；另一方面，将思政课实践教学融入社会实践活动，如在思政课实践教学中，教师可以开展活动式的教学方式，包括原著阅读、辩论赛、微电影、案例模拟等,通过开展这些活动,引导学生进行思想政治教育。

二是将思政课课程内容与常态化主题教育内容结合起来。寻找主渠道与主阵地教育内容的结合点,实现教育内容的对接。

三是将网络思想政治教育与传统思想政治教育结合起来。信息时代的大学生思想政治教育,线上线下同样重要,两者结合方能增强实效。首先,要找准网络思想政治教育的着力点,有的放矢、对症下药,学会用学生喜闻乐见的语言和易于接受的方式呈现传统思想政治教育内容;其次,要牢牢掌握网络思想政治教育的主动权和话语权,坚持正面发声、传播正能量,加快构建和完善网络思想政治教育体系;最后,要运用"慕课""翻转课堂""云课堂""远程教学"等形式开展教育教学活动,使网络既成为日常思想政治教育的前沿领地,也成为思政课重要的育人课堂。

四是将"以学生为本"作为两者之间的协同的出发点。教育要凸显"学生为本"的要求,协同就要从学生出发,从学生感兴趣的点和未来发展的需求处出发,发现主渠道与主阵地协同的切入口。例如,主阵地日常思想政治教育的渗透性强、覆盖面广,或与学生利益关系密切,如日常管理服务;或与学生兴趣吻合,如网络阵地建设、社团活动等;或与学生成长需求契合,如心理健康教育、自我管理与服务、校内外兼职时间、竞赛演讲社交;或对学生未来发展使用,如校党团组织角色扮演、职业规划、政治社会化。这些都是与学生健康成长和现实需求密切相关的,思政课教学可以有针对性地与之结合,使教学内容更加契合学生的发展要求。

(二)抓住协同的最佳时间点

协同需要"同频共振",而同步同频就要利用好教育的最佳时间点,在重大节日、纪念日、学生发展的重要阶段、社会热点事件发生和思政课教材讲授顺序等时间节点上,做好主渠道主阵地的协同育人,发挥协同的最佳效力。

一是抓住重要纪念日开展"四史"教育。大学生思想政治教育,要对学生做好"党史、新中国史、改革开放史和社会主义发展史"学习教育,而历史纪念日就是抓好四史教育的重要契机。在重大节日、纪念日来临时,既要结合教学大纲在思政课课堂上开展四史的历史知识讲解和现实意义解读，培养、塑造学生的家国情怀和使命担当；也要适时在日常思想政治教育中开展专题实践活动。例如，3月5日开展学雷锋活动，组织校内园志愿服务、宣传雷锋精神等；清明节开展缅怀革命先烈活动，邀请革命前辈讲历史故事、观看爱国主义影片等；"七一"庆祝党的生日，讲授我党走过的光辉历程、举办红歌比赛等；"十一"国庆节组织"祖国巨变""家乡变化"相关主题的征文比赛、演讲比赛等；香港、澳门回归纪念日讲授一国两制制度优势，组织两岸关系主题讲座等。

二是抓住学生发展的重要节点组织适应教育。新生入学、考试周、就业期、毕业季、校庆日等都是思想政治教育需要把握的重要时间节点。在这些时间点上，思政课和日常教育都要充分利用良好的氛围和时机，对学生进行适应教育和适度引导。例如，在毕业季，面对学生可能出现的初入社会的焦虑感和离开校园的失落感，思政课教师可以在教学中与学生讨论个人理想实现、公民道德建设和社会法律法规遵守等相关话题，帮助学生掌握毕业后所需要的知识；而在日常教育中，辅导员可以结合学生毕业的相关活动，组织开展"感恩母校留言""给未来的自己写一封信"等活动，帮助学生提前做好进入社会的心理准备，缓解角色转变的不适感。这样，让学生在理论和实践的双重影响下，能够尽快适应大学生活的各个阶段，更好地规划自己的学习生活和未来发展。

三是抓住社会热点事件进行意识形态教育。意识形态工作是党的一项极端重要的工作，高校作为意识形态工作的前沿阵地，必须肩负起职责，做好意识形态教育，社会热点事件的分析解读就为意识形态教育提供了很好的素材和机会。思政课教师和辅导员要抓住热点舆情发酵和学生心理需求，让学生看到党和政府的治理能力和积极态度，体会到中国特色社会主义的制度优势，认清错误言论背后的本质诉求，从而不被迷惑，保持良好心态。

四是针对教材讲授顺序安排主题教育。思政课教学往往有规范的教学大纲要求，教材的编写顺序也契合学生的前置知识储备和接受能力，为教师的教学提供时间参考，而日常思想政治教育相对灵活，没有严格的时间节点规定。因此，为实现协同，帮助学生知行合一，要注重两者课程讲授顺序的对应和契合。例如，"思想道德与法治"是在学生入学后开设的必修课程，包括了人生观教育、理想信念教育、中国精神教育等内容。而针对大一新生开展的专项教育引导活动,也可以围绕这些内容开展"我的人生理想"演讲比赛、校史党史学习参观活动、主题教育活动分享等,通过理论引导和思想教育,更好地贴近学生的思想和学习生活实际。

(三)创新协同的关键突破口

创新协同育人的突破口,能更快打通主渠道与主阵地之间的联系,破除协同壁垒。推进"十大育人"体系构建、课程思政建设和科研育人建设,是增强协同教育过程的有效途径。

一是构建"十大育人"体系。"十大育人"体系的构建,实则是一体化协同育人的体现,因此,要抓住"十大育人"体系的构建,作为推进主渠道与主阵地协同的创新突破口。从内容要求与目标设定来看,"十大育人"体系中所涵盖的育人内容,是主渠道与主阵地协同育人的深层次分解,按照育人的不同功能,将育人工作划分为更为详细、全面的层次,借助多种育人体系的构建,使协同育人在操作层面上更加具体详细、更有利于践行实施。

二是推进课程思政建设。2020年教育部印发《高等学校课程思政建设指导纲要》,提出要全面推进高校课程思政建设,发挥好每门课程的育人作用,提高高校人才培养质量[①]。这是一个重要的教育理论创新,课程思政既与思政课类似,是以教学形式开展学科专业教学,又在一定程度上属于日常思想政治教育的范畴,因此课程思政的建设能有效推动大学生思想政治教育协同。思政课与其他课程之间要有效协同,思政课发挥显性价值引领作用,其他各门课程自觉根据各自特点融入思政元素,发挥隐性价值陶冶作用。

三是发挥科研育人功能。充分发挥科研育人功能是对高校思想政治工作的有效补充,也是促进主渠道与主阵地创新的重要抓手。要建立教"研一体、学研相济"的科教协同育人机制。统筹安排教学与科研资源,配套设计教学大纲与科研计划,把科研成果应用于教学活动,实现教学和科研在育人中的"同频共振"。科研育人要在协同中体现思想教育功能,坚持正确的价值取向与意识形态。

---

① 引自教育部 2020 年 5 月《高等学校课程思政建设指导纲要》

(四) 扩大协同的有效覆盖面

主渠道与主阵地协同，涵盖学校管理和教育教学的各个环节，在教育过程中通过将各个环节密切结合，扩大协同的覆盖面，在协同的深度和广度上有所拓展和延伸，必然能够增强大学生思想政治教育工作的渗透力和影响力。

一是统一教书育人、管理育人、服务育人。教书育人通过教师所讲授的教学内容来启迪、教育和感染学生；管理育人以管理者的角色在多个方面对学生的思想道德状况产生立体化影响；服务育人通过服务者的态度、服务质量和敬业精神来影响教育学生。三者在推动大学生成长成才的过程中是有机统一的，相互促进，缺一不可。首先，在思政课、专业课、实验课等各类课程的教学中，要通过科学的课程设置、教师的课程教学及相关活动来达到育人的目的。其次，学校领导及基层管理人员，要通过行政管理和党务管理，在学校管理的过程中达到育人育德的目标。将思想教育融入管理工作之中，引导学生的日常规范和行为约束。最后，后勤部门及其他各职能部门，要通过学校的后勤服务和其他工作中的服务环节，特别是通过增强对学生的服务意识来达到育德育人的目标。关注学生的实际困难，树立服务意识，提高服务质量，从而增强教育的亲和力和感染力。

二是统一心理辅导、困难资助、创业就业。心理辅导、困难资助和创业就业是学生教育管理中容易出现问题的地方，一旦教育过程中在这些方面做得不好，将对学生和教育造成严重的后果和损失。首先，心理辅导要关注那些家庭困难、创业就业受挫的群体，将这些学生列入重点追踪对象，在问题出现前及时进行心理干预。其次，困难资助要对有心理疾病和创业就业失败的学生进行适度补贴，近年来抑郁症、焦虑症等心理疾病在大学生群体中发病率较高，而治疗费用也相对昂贵，许多学生碍于经济压力选择逃避，导致恶性循环。因此要给予这批学生适当的经济补助，推动将心理治疗费用纳入学生医保报销范围。同样，在创业失败和求职失败的学生中，由于损失了财力或者失去了经济来源，为避免他们陷入堕落或者走向极端，可以在困难资助中专门划拨经费作为就业补助和创业鼓励金。最后，创业就业教育要特别帮扶具有心理障碍或者经济困难的学生，在求职前提前进行就业辅导、简历修改和面试模拟等，有针对性地向他们推送就业信息，跟踪关心他们的就业进度和心理状态，帮助他们顺利步入社会。

三是统一第一课堂、第二课堂教育。第一课堂是主渠道的教学中的常规方式，通过课堂教学活动开展思想政治教育工作。第二课堂主阵地教育系统的主旨是通过生动活泼的文体活动、校园文化建设活动，有一定特色和创意的社会实践、团体活动等，进一步用科学理论教育大学生，亲身实践和身体力行第一课堂学习成果，强化思想政治觉悟和理论素质，树立成长和成才的主动性，增强他们对国家、社会和人民的历史责任感和使命感，是对大学生进行思想政治教育的重要途径。两个课堂在教育过程中的结合，应在时间、空间、人员、资源等各方面都达到协同。一方面，第一课堂要借助第二课堂的场地和活动，推动理论走向实践。比如教师结合课程学习内容，布置在本学期内需要完成相关主题的实践活动，并将其计入期末考评成绩，激励鼓舞学生积极参与才艺展示、科技竞赛、理论宣讲活动等第二课堂活动。另一方面，第二课堂在开展时要联系第一课堂的教学内容，活动设计要对学生具有一定的思想引领和价值导向作用，不为活动而活动，并在活动中及时发现问题，将学生思想动态和理论困惑反馈给第一课堂管理部门和任课教师，从理论上帮助学生及时纠偏、坚定信仰。

四是统一党建、团建、班建。学生作为思想政治教育对象，其学习生活、组织管理和诉求表达都是以组织为单位进行的，校党支部、团支部、班级是大学生最常见的三种组织团体，做好党建、团建和班建的有机互动，尤为重要。首先，以"党建"带"团建"。校党组织和团组织都是政治性极强的组织群体，而校党组织在高校思想政治工作中具有龙头地位，要充分发挥校党组织的带动作用，切实加强党对共青团的领导，增强基层团组织的凝聚力和战斗力。其次，以"团建"促"党建"。共青团作为培养年轻干部的重要基地，要为青年团员成长提供良好环境，激发基层团组织活力，通过报告分享、互动交流、现场访谈、理论学习等形式的团活动，让广大青年师生积极向校党组织靠拢，为校党组织提高合格的人才储备。最后，"班建"要与"党建""团建"相协同。班级是学生接触最多最频繁的组织，在日常思想政治教育中不可忽视，任何学生遇到问题，班级成员都要共同解决。班干部要及时发现隐患，例如哪些同学近期存在挂科、失恋、家庭突发事件等情况，哪些同学一直以来都心理素质不好或存在心理疾病，要及时上报辅导员，避免不良事件的恶性扩散。同时，班级成员要共同致力于班级向心力、凝聚力的提高、班级文化的形成和班级成员之间的情感交流和亲密关系建立，使班级成为无坚不摧的学生思政教育坚实堡垒。

在高等教育中，尤其还要注意几门思政课内部的同向同行。思想政治理论课程是一个结构稳定、内容互补、功能相似的体系，几门主干课程具有内在联系，要形成同向合力。一方面，思政课教师在教学设计上要有宏观的、整体的眼光，不仅要"明确各门课程的定位、清楚各门课程的教学时限、主线和重点，把握好各门课程之间的逻辑联系和论证角度"，也要认识到自己课程的特点和重难点，在保证总体教育教学目标和功能的前提下，根据每一门课的要求来确定讲授的角度和深度，在课堂教学中各有侧重、各具特色。另一方面，正确处理几门课程在内容上的重叠交叉部分，如"马克思主义基本原理概论""毛泽东思想和中国特色社会主义概论""中国近代史纲要"课程中，都含有关于"社会主义本质"的内容。对这类重叠的内容，既不能采取简单的弃之不理的态度，也不能按部就班、面面俱到地去讲授，可以通过统一备课、集体商讨等形式，划定不同的教授任务和侧重点，在总体方向不变的情况下各尽其责，保证教学内容的完整性和教学过程的衔接性。

三、完善高校协同育人系统渠道

针对各专业课程思政建设协同育人体制机制不完善的问题，下面从完善各专业课程思政协同育人生态系统、打通各专业课程思政协同育人沟通渠道两方面进行论述。

（一）完善专业协同育人生态系统

完善各专业课程思政协同育人生态系统核心在于顶层设计，关键在于组织架构，重点在于全面细致。第一，从顶层设计来看，高校课程思政建设领导小组应该针对专业协同育人方面成立专门办公室，主要是制订针对协同育人在育人模式、组织架构、奖惩措施、沟通协调等方面的具体方案。例如，育人模式上考虑课堂教学与实践的结合，包括论坛、研讨会、辩论赛、社区实践、工厂实习等；再例如组织架构上，尝试设立分片模式，针对不同专业设定统筹联络人；在奖惩措施上，针对高校课程思政建设中的党纪国法问题予以明确出台文件。第二从组织架构来看，应充分明确，针对高校课程思政建设协同育人成立的组织架构应具备何种职能性质，明晰边界条件，避免交叉管理和重复工作。第三，从全面细致来看，生态系统必然要求全口径下的全覆盖，针对高校这一独立的课程思政建设主体而言，该协同育人生态系统应该覆盖到高校党委、团委、学院领导、学院思政工作者、学生干部、宿舍管理员等人员，覆盖到包括体育课、实验课、试听课、讲座课在内的所有课程，覆盖到学校食堂、学校医院、学校安保、学校后勤超市等方面。

（二）打通专业协同育人渠道

打通各专业课程思政协同育人沟通渠道主要是在课程协同、教师协同、管理者与教师之间的协同三方面。第一，从课程协同来看，主要是课程内容的协同育人。高校课程思政建设要求的思政元素应符合高校思想政治理论课的要求，因此建议专业课程课堂上所融入的思政元素应该与思政理论相一致协调。另外，不同专业的课程内容的协同，彼此应避免内容相悖、内容重复，应相互支撑、相互融合。这一点主要是针对逻辑性较强的理工科课程而言。第二，从教师协同来看，一是针对大班授课引致的低效性，尝试建议同专业的教师可以在课程思政建设上予以合作，通过分工细化，将大班课改为小班课或者利用互联网工具制订线上课程，对学生设定登录权限，使他们分批上课，全力弱化大班上课引致的低效问题；二是针对不同专业的教师而言，加强交流合作，推动信息共享，拓展课程思政建设实践渠道，充分满足不同专业的大学生对思想政治教育层面的实践需求，降低其对课程思政建设的抵触情绪。同时在课程内容改进和监督方面，不同专业教师的思路存在差异，加强交流只会拓展思路，丰富学生学识。第三，从管理者与教师协同来看，主要是搭建在生态系统内，用于教师与教师、教师与管理者、教师与课程、管理者与课程之间的沟通平台，这种平台主要是线上的互联网平台，但需要同时涵盖PC终端、移动终端和手机终端。

四、积极应对外部社会环境的潜在冲击

单一的追求经济发展和多元文化,对高校课程思政建设存在一定的负面影响效应,提请各高校应该提前谋划积极应对外部社会环境潜在冲击。

(一)建立合理规范的风险防范机制

部分大学生存在的思想道德风险多集中于信念动摇、素质低下、自我放弃、脱离实际等方面,导致其自我约束力差、生活能力弱,无法形成有效的常态化应对措施。为了降低大学生出现道德风险的概率,提请学校针对单一追求个人利益最大化及多元文化的冲击效应,建立合理规范的风险防范机制,具体包括领导机制、管理机制、落实机制、评价机制四方面。一是领导机制方面,提请学校党委担起主体责任,亲力亲为,深入高校课程思政建设一线调研、座谈,制订防范机制建设方案。二是管理机制方面,学校教务处、各职能部门、各二级学院要明确自己在防范机制中的定位,并形成有效管理机制。三是在落实机制方面,教务处、各职能部门、各二级学院要从本职工作出发、从学校学院实际出发、从学生角度出发,真正将防范机制的各项要求落实实处。四是评价机制方面,坚持立德树人的指导理念,将教师融入思政元素后的教学质量,与学生个人成长发展为主要尺度的评价标准,并对水平较高的教师予以奖励,形成正向激励。

(二)开设相关课程加强正面引导

开设相关的课程加强正面引导外部社会环境中潜在的影响,专门开设相关课程,主要目的是将冲击的基本特征、内涵及潜在影响向大学生进行说明解读,帮助大学生充分认识到部分外部社会冲击对其今后发展的影响,使其主动的认清外部冲击的不好影响,远离外部社会环境,积极投入到校园学习活动中来,切实的通过学校的教育来提升自己的能力水平,真正做一个有利于社会的有用的人。具体建议:一是建设跨学科科研团队,针对外部潜在的环境冲击第一时间进行捕捉分析,制订研究课程,开展讲解工作;二是组织成立学校社团,在学校党委、团委的正确领导下,积极组织社会实践活动,引导学生参与其中,谋求通过社会实践帮助学生认清

外部冲击的不利影响,树立正确的世界观和价值观;三是利用信息技术手段,通过线上平台线下活动双管齐下,增强对大学生的引导频度,扩大对大学生的覆盖面。

五、建构以"思政课程"为核心的运行机制

(一)建立协同育人工作机制

"课堂思政"和"思政课堂"同向并行是为了实现全程育人、全员育人、全方位育人而存在的,并不仅仅是为了实现在课堂中进行思想政治的教学。因此,要构建育人共同体,主要的方法是把专业课、思政课的老师、辅导员,以及相关的部门人员组织在一起,创建一个能够互助互补、将优势最大化的育人共同体。育人共同体中的每个部分都要承担各自的职能,从而实现育人的目标。例如,专业课老师主要是实现思想政治教育的渗入效果;思政课老师主要是对学生的世界观、人生观和价值观进行指引;辅导员主要是负责对学生定期进行相应的心理辅导和成长、成才关怀;相关部门主要是确保以"思政课程"为核心的同向同行运行机制可以顺利运行,帮助打造思想政治教育共同体。

第一,专业课程老师要和思想政治理论课老师达成一致,形成合作关系。无论是专业课程思政还是思想政治理论课,都属于大学生思想政治教育中不可或缺的组成部分,这两者之间本来就是互相合作和互相补充的关系。两者之间的合作一方面能够推动专业课程思政的发展;另一方面,还能够促进思想政治理论机制的重新创立和创新。而且,这两者的合作还能够促进学校教学材料的研发、专业性课程思政专项材料的研发、思想政治教育实际工作平台系统的研发等。

第二,要按照教学工作状况,形成互相联动及合作关系。思想政治理论课程,以及专业课老师都开始以教学方案规划、教学行动实践措施等为基础开展合作,一方面能够推动专业课程思政教学的深层次发展,另一方面还能增加思想政治教育形态体系的具体内容。在教学结束后进行的合作反省思考,有利于两者完善后期教学计划,改善课程机制和具体内容。

第三,根据老师的专业学识素养,形成互动合作的状态。两者之间所

形成的互动合作形态，在思想政治理论老师看来，可以加强科学文化内涵、拓宽知识范畴、优化知识逻辑，有利于教学计划的进行。在专业课程中融入思想政治教育，显而易见地可以加强知识，以及经验方面的思想政治理论课老师的道德水准。从专业课程老师的角度来看，伙伴性质的合作方式一方面可以加强他们的思想道德政治水准，另一方面还可以补足他们的教学规划机制，改善教学水准形态。

（二）完善教学评价机制

"课程思政"即使已经较多地关注潜在性影响，重视学生精神方面的影响，以及学习习惯等方面的培养，不过还是要认真评价课程思政。评价是为了观察"课程思政"的实验结果和学生发生的变化，进而完善"课程思政"的规划和实践。

首先，评价标准。关注于定性评价，并非只是定量评价。而且，因为思想政治水准的进步需要一个过程，评价需要重视过程而非仅仅关注于最终结果，要关注对于评析的阐述而并不是分值。除此之外，评价过程中要尊重发展的规定，也就是重视学生纵向的变化，尽量少去和他人进行对比。过程阶段的评价、定性评价、发展变化评价才是"课程思政"评价的主要标准。

其次，评价的指标和方式。所有课程都必定拥有它对应的思想政治教育的诉求，具体分为如下三种：情感、态度、价值观。单论情感，就能做出如下分类：学习积极性、学科自信程度、勇于怀疑的勇气、合作和讨论的需求、课程历史观念等。如通过"学生访谈"的形式来验证除思政课程之外的"课程思政"的育人效用成果；通过"同一行业听课""不同学科老师交叉听课""不同部门听对方的课"的评价形式，来验证除思政课程之外的"课程思政"的专业性成果。深层次发展年终考试评估规定的改革，加入价值观监控测量点，加强思想政治教育内容评价的重要性，验证除思政课程之外其他课程"课程思政"的综合成效。判断思政元素带入的内容是不是精准、带入形式是不是合适、带入作用是不是存在实效特性。判断学生在接受教育阶段中，是不是拥有"正能量"的体会。站在全方位、多个水平的角度来推动"课程思政"教学成效的评价，由原来的唯一一种专业效果评价转变为人文标准、价值观、社会责任感等多方面的评价拓展。有关于评价方法中，往往会使用思想发展档案法、重要事件法、评价表方法等，这其中，思想发展档案法指的是学生形成"课程思政"档案袋，如果是有关于思想政治教育的阶段，那么会使用纸质文档进行储存，好用来评价。

最后，评价结果的实用。评价最为重要的阶段是结果的实用。站在思想政治教育的角度来看，结果的实用往往要比评价结果起到的作用更大。总而言之，评价结果最为直接的实用是用来完善教学、加强老师的思想政治教育水准的，而且，结果还能够用于课程规划的完善、评价指标的完善、制度的补足等。

六、完善协同育人的体制机制

"课程思政"协同育人是贯穿学校教育教学全过程的实践活动，其稳步运行和有效落实需要完善的体制机制作为支撑。针对"课程思政"育人体制机制所存在的不足，作者尝试从顶层设计规划、保障制度建构和评估体系重建几个维度将其不断加以完善，为"课程思政"协同育人提供施行保障。

（一）顶层设计维度上的合理规划

顶层设计要对设计对象具备清楚的认知，再对其进行整体规划、系统整合和要素协调，进而达到运筹帷幄的理想状态。"课程思政"协同育人的定位是一项系统性育人工程，涉及多主体参与、各类课程整合和跨学科协同，因此必须从学校发展的战略高度对它进行合理规划。对"课程思政"的顶层设计体现在对主客观环境、发展阶段的准确认识和有效组织领导等方面。

高校对于"课程思政"的顶层设计应当立足于当前"大思政"育人格局，建立健全、自上而下统筹运作的领导体制。当前"课程思政"育人实践仍然处于稳步探索的阶段，并且由于专业课教师的"课程思政"自觉不足，也迫切需要学校从顶层规划的维度在客观上保证"课程思政"的顺利实施。"课程思政"协同育人不是一个空洞抽象的口号，应当将其落实到课堂教学、学科建设和科研等各项工作之中，落实到学校具体的人才培养规划中，以构建自上而下、完整严密的领导体制机制，稳步推进育人实践活动的顺利开展。其一，建构由学校党委书记领导负责、各职能部门领导协作参与的"课程思政"改革领导小组，在全校范围内有条不紊地推进"课程思政"教学改革。学校党委牵头彰显了学校对于"课程思政"教学改革的极端重视，进而从学校人才培养目标的高度对教师做出相应的教学要求，将"课程思政"教学改革纳入学校发展建设的重点规划之中。其二，设立"课程思政"教学改革指导委员会，全程跟进改革试点工作，给予专业、权威的指导，有序开展相应的咨询、监督和评估工作。其三，成立专门的"课程思政"教学改革办公室集中部署工作任务。"课程思政"育人体系蕴含着一个多元主体集合，包括学校党委及其领导下的各学院党委、教学管理部门和学生工作组织，因此应当按照"党委统一领导、党政部门协同配合、以行政渠道为主组织落实"的建设思路明确各主体的职责，将学校各部门资源整合到专门办公场域。

（二）制度建设维度上的一体化设计

实现"课程思政"协同育人的科学化、规范化发展需要一系列完善的配套制度、政策为支撑，在此基础上才能创设良好的育人氛围，促进资源的高效整合和育人合力的最大化。"课程思政"建设的相关保障制度绝非固化、死板的条例，它是与高校教育教学内在协同的、整体规划的制度模式，只有在这种灵活柔性的制度架构中才能激发"课程思政"教学改革的内生动力。高等教育中各类课程协同思想政治教育，是包含诸多要素在内的系统性发展体系，因此搭建互动交流平台、落实以教学实效为导向的奖励措施，以及实现教师长效可持续发展应当是"课程思政"制度一体化设计建设的重要内容。

第一，着力构建高效互补的合作制度。首先，在高校内部开展有效合作，打造优秀的"课程思政"管理服务平台和教学交流合作平台。高校是各职能部门高速运转的教育教学系统，它的内部结构完整、分工明确，这客观上制约了常态化有效合作机制的生成。因此，迫切需要最大限度打通沟通交流渠道，深入开展教学对话交流，为实现资源整合与共享提供了可能。在合作平台建设上，一方面要联合高校各职能部门完善"课程思政"管理和服务体系，在学校党委的指导下集结教务处、各级团委、学生工作部门等探索跨领域、多维度的合作模式，增强"课程思政"协同育人的凝聚力和向心力；另一方面针对其他学院各专业教师缺乏对"课程思政"建设的主动参与性，和落实"课程思政"教学的有效性的情况，要集中力量创建跨学科的教学平台，在思政课教师和专业课教师双向互动交流的基础上顺利实现教学资源共享。例如，在此基础上侧重领导讲思政课制度创新，各部门、各学院领导作为"课程思政"建设的重要参与者和组织者，应当带头上思政课，凭借他们在日常教学和管理中累积的思政经验呈现出优质讲堂，在增强课程权威影响力的同时，提高广大师生对"课程思政"的重视程度，拓展"课程思政"的辐射范围和受众群体范围；又譬如不断加大集体备课制度建构力度，以马克思主义各教研室为中心，联合其他教研室对各自的教学内容、教学方法进行合理统筹，集体商讨，提出优化教学的建议，形成"课程思政"教学智库。其次，开放合作视野，拓展交流范围，积极探索高校联合培养制度。这种联合培养既可以立足于区域合作，又可以将相对接近的学校类型和学校发展理念作为合作契机，实现高校间的资源共享、合作共赢，为各个学校具有较高理论水平和丰富实践教学经验的思想政治教育专家和学科带头人提供交流平台，就"课程思政"育人目标、课程体系建设、教学设计等诸多方面，开展直接有效的话语交流与思想碰撞。在此基础上完善互访学习机制，各个高校定期组织开展校际走访交流，互访者亲身感受优质"课程思政"课堂，把握课堂与思政巧妙衔接的技巧；通过教学研讨的方式学习优秀"课程思政"教学设计和分享教学实践经验。

第二，建立"课程思政"育人激励机制。对于处于一定社会关系之中的现实中的人来说，其需求大体上可以分为生活需要和精神需求两大类。激励作为外界对主体的刺激，也不失为一种增强"课程思政"教学实效性的有效方式。对于"课程思政"教学主体而言，适当的物质奖励和精神奖励能使其保持良好的教学状态，在增强教学获得感的同时，激发参与"课程思政"教学的热情。具体奖励措施落实都是以教学效果为导向的，并且讲究物质激励和精神激励的科学使用和合理配合。为涉及"课程思政"的科研项目提供专项经费扶持，从教育主体的现实需求状况出发，既提供一些物质上的保障，又为他们的长远发展积累专业素养和资历背景。高校奉行教书育人的价值旨趣，应以教师奖励计划为抓手，针对任课教师对课程的思想政治教育资源的挖掘能力和育人实效,作为职称评定和是否给予专项支持及额度多少的部分依据。当然也有必要对"课程思政"教学表现突出的任课教师予以精神激励,赋予相关荣誉称号,让其切身感受学校对自身工作的重视度,增强精神层面的获得感。一项教育实践活动的开展离不开教育主体和教育客体等基本要素的参与,只有通过两者的协调配合才能顺利开展教学活动。所以,激励手段的运用不能仅仅局限于教育主体的范畴,应当同时将教育客体纳入评价之列。毋庸置疑,对于"课程思政"教学效果评判的最终落脚点在于,学生通过各类课程的学习,其思想政治素养、价值判断能力、信仰形塑能力得到提升的程度。对于教育客体,即学生而言,要侧重有助于实现可持续学习的发展性奖励,充分调动学生参与"课程思政"课堂互动的积极性和主动性。要加大"课程思政"激励制度与学生评价体系的关联度,将学生思想政治素质、道德水准、信仰坚守、行为习惯等诸多方面与评奖评优、推优入党等奖励行为相勾连,不断完善学生的"课程思政"奖励制度。

(三) 评估体系维度上的整体性考量

高校学科门类众多、专业领域广泛、课程设置复杂多样,构建一个相对普遍适用的评估标准是高校开展评估工作的前提,也是当前评估"课程思政"协同育人效力面临的主要问题之一。评估体系的科学化一方面体现在评价的整体性维度上,即评价指标尽可能覆盖教学实践活动的方方面面;另一方面体现在评估的可操作性上,即评价指标尽可能得到量化,评估结果得以相对直观地呈现。本书尝试从"课程思政"育人的教学过程性评价的视角展开评估体系的建构,就细化评价指标提出几点建议。

重视以教师为主体的"课程思政"教学过程性评价。教师作为"课程思政"教学活动的组织实施者,他们在教学实践中起着重要的主导作用,将直接影响学生的学习体验和学习获得感。因此,将教师这一教学主体作为评估对象,重点开展"课程思政"教学过程性评价是完善"课程思政"评估体系的重要一环,具体从以下三个维度展开。

1. 教学团队

首先,要对"课程思政"教学团队成员结构合理性进行评估。由于"课程思政"育人活动涉及的学科课程领域广泛,所以学校各个专业领域要保障拥有一支专业的"课程思政"教学团队，守好各类课程的育人渠道。在这个教学团队内，既要有专业领域的带头人、教学能手，又要配置思政教师为"专业思政"的开展提供理论指导。其次，要将教师的思政素养作为评估对象，精准把握"课程思政"育人团队的现实状况。将教师是否坚持了正确的政治方向和是否体现了良好的师德师风作为评价基点，赋予其正面或负面的总体性质评价。

2. 教学过程

注重对课堂设计合理性的评价。加强对"课程思政"教学过程的评估和监督，评判是否明确将"课程思政"教学理念引入教学方案中，并且体现在课程培养目标上；能否有效衔接学科专业教学和思想政治教育，巧妙地挖掘出蕴于专业课程中的思想政治教育资源。

3. 教学研究成果

教师能否形成科学、系统的教学研究成果是评估"课程思政"建设成效的重要维度。"课程思政"的优质教学材料、优秀教学经验都可以整合为教学研究成果，发表到相关刊物供广大师生学习交流；能否承担申报到"课程思政"相关课题，并且对"课程思政"教育教学改革产生的影响；相关"课程思政"负责人及其开设的课程能否引起社会广泛关注，是否能够获得国家教育主管部门的表彰；等等。

我们所处的现代社会充斥着多元社会思潮与多元价值观，它们以各种形式渗透到社会生活的诸多方面。高校是文化交流、思想碰撞、意识形态交锋的重要场域，必须要用马克思主义去占领这一意识形态教育的前沿阵地。从整体上构架壮大马克思主义意识形态声音、增强主流意识形态影响力的可行性方案，是思想政治教育的重要关切。课堂教学是高校开展育人工作的主要形式，思想政治理论课是弘扬和践行社会主义核心价值观的重要课程载体，但绝不能拘泥于这一类课程载体。全面立体的课程体系为思想政治教育实践活动的开展提供了一个良好的契机。将思想政治教育与高校各类课程相衔接，挖掘蕴于各类课程中的思想政治教育资源，凝聚思想政治教育的课程合力，达到协同育人的理想目标正是"课程思政"应有之义。"课程思政"突破了传统意义上的思想政治教育课程实施范畴，打破了课程局限和学科边际，是对思想政治教育教学改革的有益探索。

在新的时代定位中，高校要巩固社会主义办学方向和实现教育现代化目标的诉求空前强烈，"课程思政"作为一种新的思想政治教育理念，它从整体和协同的育人维度对高校思想政治教育进行了有益探索，提供了新的思路。"课程思政"协同育人作为系统化、科学性的思想政治教育模式，能在一定程度上解决思想政治理论课和专业课"两张皮"的问题，弥补了思想政治教育在其他课程中缺位的育人缺陷。要真正发挥好"课程思政"的协同育人的效力，还需要做出诸多的努力。一方面，要理清一些认识层面的基本问题；另一方面，要抓住"课程思政"协同育人的关键点位，有针对性地剖析实践环节遭遇的困境。这样才能对症下药，攻克"课程思政"协同育人具体推进过程中的难题，实现对"课程思政"的整体规划。

七、构建协同育人共同体

（一）重视理念创新，提升教师能力

教师的"课程思政"认识。第一，教师要明晰"课程思政"的价值本源，即把握住"课程思政"的本质。明确"课程思政"不是指某一门具体课程，而是一种进行思想政治教育的创新性课程观，将思想政治教育"基因式"融入各类课程之中，充分挖掘蕴于其中的思想政治教育资源。由于"教育的意识形态化，与在教育过程中传授一定的意识形态是两回事"，所以教育主体要尤其注意课程教学中涉及的各种价值观念，给予学生以正向的价值引导和正确的意识形态观念形塑。第二，要正确认识"课程思政"育人实践活动中的这两对关系。德育和智育的关系，以及思想政治理论课和其他课程之间的关系：德育和智育是教育教学的两大重点，两者不可偏废其一。智育需要德育为其提供正确价值导向，否则不但会抵消知识教育的教育效果，还会令学生陷入思想困惑；重视智育，掌握专业知识和技能才能使拥有高尚道德的人具备现实生存力，塑造成为完整的、现实的人。在落实智育和德育的教学实践环节，两者会在资源分配、效果评价等方面存在一定的矛盾，"课程思政"为巧妙化解这些矛盾提供了思路，即探寻知识传授与价值引领的同频共振，将德育贯穿于课程教学之中。教师践行"课程思政"理念时，要正确认识并处理好思想政治理论课和其他各类课程的关系，既要认识到思政课是高校思想政治教育的主渠道，又要重视作

为补充的其他课程的思想政治教育功能的发挥。

（二）打破专业局限，构建协同联动

当前我国高等教育采取分门别类的专业化育人模式，教师大多拥有各自的专业研究领域，具有鲜明的学科专业属性，主要承担着各个专业范畴内的教学和科研任务。在这种教育大环境下，往往会导致教师自身知识结构的相对稳定性和教学思维模式的相对固定性，因此要使"课程思政"育人理念在各类课程教学实践活动中有效落实，必然要打破专业局限，着力构建一个广大教育主体积极参与的协同联动的教学团队，最大限度地发挥育人合力。教学团队的构建为"课程思政"协同育人提供了智库资源。由于我国高等教育在之前较长时期内，致力于培养符合社会需求的专门化人才，从而导致思想政治教育陷入被矮化甚至是被忽视的境地，"课程思政"育人价值的实现需要开展跨专业的人才交流、思想碰撞、智慧启发，逐渐建设好具有多专业文化背景的"课程思政"教师队伍，开创思想政治理论课教师和各专业教师的协同联动的育人新局面。

首先，"课程思政"建设任务共担当。为了最大限度地发挥各类课程教学的思想政治教育功能，突出课程育人的优势，思政课教师和其他教师要共同担当思想政治教育使命，完成"课程思政"建设任务。第一，思政课教师在自身教育教学本职工作顺利开展的情况下，要引导专业课教师积极融入思想政治教育活动中，提升其思政基本理论素养、思政情怀和思政实践能力。第二，专业课教师要根据自身的学科专业属性，抓住开展思想政治教育的核心要素，巧妙衔接专业课知识教学和思想政治教育，有效提炼思政元素。例如，哲学社会科学专业课教师要将传承优秀传统文化、培育家国天下情怀、形塑信仰等贯穿于课程教学活动始终；自然科学专业教师要将科学精神、理性意识和科学思维方式等作为开展思想政治教育的突破口。第三，思政课教师和专业课教师要依据自己所在高校的办学特色，有针对性地共同承担"课程思政"任务。比如，研究型高校要注重创新精神、创新思维和创新人格的培育；应用型高校要重视工匠精神、爱岗敬业精神的培育；专业型高校要突出职业道德、责任意识的培育。

其次，"课程思政"教学内容共开发。思政课教师和专业课教师要共同研究和提炼教学活动之中的思政元素，积极开展集体备课，以马克思主义各教研室为中心，联合其他教研室对各自的教学内容、教学方法进行合理统筹，集体商讨，提出优化教学的建议，形成"课程思政"教学智库。由于思政课教师具有明显的思政优势，他们可以在互动交流中引导专业课教师从课程内容中，选取同思想政治教育最为契合的那部分，对其进行具体教学设计，共同开发有效的"课程思政"教学内容。

最后，"课程思政"建设成果共推进。"课程思政"建设的完善需要不断进行更新一轮的探索与改革，即在之前建设成果的基础上，进行反思与调整，实现"课程思政"育人的可持续性发展。思政课教师和专业课教师要共同致力于开拓"课程思政"成果的有效载体，以专题课件、书籍刊物出版、影像资料等形式促进"课程思政"成果共享、共推。

（三）突破空间限制，校际师资联动

"加强'课程思政'、专业思政十分重要，要把它提升到中国特色高等教育制度层面来认识"①，教育主管部门高度重视"课程思政"育人活动的开展，各高校要利用好当前的制度优势，突破空间限制，开展通力合作。各高校既要立足于区域合作，又要以相似的学校发展理念作为合作契机，实现高校间的资源共享、合作共赢。各个学校具有较高理论水平和丰富实践教学经验的思想政治教育专家和学科带头人可以开展直接的对话交流，就"课程思政"育人目标、课程体系建设、教学设计等诸多方面进行经验交流、成果共享；加大校际的互访学习，各高校定期组织开展校际走访交流，互访者亲身感受优质"课程思政"课堂，把握课堂与思政巧妙衔接的技巧；积极倡导通过教学研讨的方式学习优秀"课程思政"教学设计，和分享教学实践经验，实现学校师资的优势互补。当然，突破"课程思政"育人的空间限制还需要各大高校积极构建网络对话合作平台，为"课程思政"教学活动提供更为广泛的延伸空间。

---

① 陈宝生在新时代全国高等学校本科教育工作会议上的讲话

八、打造全课程立体育人格局

（一）以思想政治理论课加强价值观的引领

在推进"课程思政"育人实践进程中，要进一步发挥思想政治理论课的这一思想政治教育主渠道的作用，为全校学生开展系统的马克思主义理论教育。高校思想政治理论课程历经较长时间的发展与完善，已经形成了专门化的组织形式、规范化的教学内容和明确的教学标准，是育人价值显示度最强的一类课程。作为专门化的显性育人课程，它具有明显的意识形态性和政治性，必然要进一步加强和完善思想政治理论课的价值观引领作用，为思想政治教育提供基本课程保证。在此基础上，"课程思政"协同育人目标的实现也要依托思想政治理论课这一显性思想政治教育方式，加强对社会主义核心价值观的引领，集中解决学生的思想问题、价值判断与选择过程中的思想困惑和信仰缺失的精神困惑等。

思政课教师要把握学生的思想品德形成规律、认知发展规律和思想政治教育教学规律，从学生实际状况出发，在教学方法改革、教学内容构建、师资力量整合等方面多维度尝试思政课教学改革，不断提升其针对性和实效性，从而增强学生的思想政治教育获得感和自身的成就感。在教学方法改革上，积极运用多媒体等新兴教学载体，实现"线上""线下"空间协同，既能有效拓展教学空间，又能抓住学生的兴趣点；积极采用问题教学法，教师用真问题去启发学生思维，在训练学生思维能力的同时，帮助其解决在培育和践行社会主义核心价值观进程中的系列思想困惑；主动将小组讨论、社会实践等方法引入思想政治理论课教学当中，基于"人要么仅仅被驯服，被调教，被机械地教导，要么得到真正的启蒙"这种教育现实，思政课更要让学生在思想碰撞、实践互动中真正理解核心价值，并且在学习和生活中不断践行社会主义核心价值观。在师资力量整合上，要不断充实壮大思想政治教育队伍，将校长、校党委书记、各学科带头人，以及校内外优秀教师纳入思想政治教学团队，形成特色鲜明而又具有权威性的"领导讲思政"制度和跨学科的"客座教授"机制。在教学内容构建上，要将思想政治理论课和学生的学习生活实际相联系，重点突出学生个体与社会主义核心价值体系相关联的教学内容；思政课教师要从整体上把握教学内容，分清主次，整合好教学内容，以打造社会主义核心价值观优质示范课程的高标准去要求自己。

（二）在通识课中根植理想信念

通识课程是高等教育课程体系的重要组成部分，它作为专业课程的补充，能够在一定程度上缓解"专才教育"导致的人才培养困境，是改善育人现状的有效方式。通识课程拓展了高等教育的育人视野，着力于培养培养思想政治素质、道德素养、知识文化素质、心理素质全面发展的人才，体现了课程的育人价值性。要将理想信念教育作为通识课程助力"课程思政"建设的核心，潜移默化地引导学生在学习和生活的方方面面践行社会主义核心价值观、坚定社会主义理想信念。

通识课程能否有效助力"课程思政"协同育人的教育实践，一方面取决于对于育人方向的正确把握，另一方面取决于对教学内容的娴熟把握，以及对教学方法的恰当使用。高校通识课程的设置基本上涵盖了自然、人类、社会发展的各个方面，在如此广泛的领域当中如何凝聚精力开展理想信念教育也是一个现实难题。首先，要制订通识课程教育价值标准，坚持正确的育人政治方向且突出其育人的价值使命。通识课程的存在及其课程体系的发展完善本身，就是为了解决国家长期致力于培养大量专业人才而导致人被当作工具性存在的问题，是纠正狭隘专业教育缺陷的课程利器，它时刻提醒着广大教育工作者要给予学生整体关怀。通识教育内容涉及自然界、人类社会诸多方面，要想其达成育人的价值使命，必然需要一个相对客观的通识课程教育价值标准，即坚持育人的社会主义政治方向毫不动摇，致力于培育德、智、体、美、劳全面发展的社会主义建设者和接班人；学生在通识课程学习过程中能否自觉弘扬和践行社会主义核心价值观，并且判断学生对社会主义理想信念的坚守，体现在各项实践活动中的能力是否得到显著提高。其次，要依据学校类型及其优势探索特色、有效的通识教育方式，落实理想信念教育。通识课程相关教师同样要注重教学方式创新，增强教学的凝聚力和吸引力，融合问题启发、课堂师生互动、社会实践等方法，以一种巧妙、引人入胜的方式寓社会主义核心价值观、社会主义理想信念于教学实践活动之中。最后，各高校要致力于共同建设一系列基于通识课程基础之上的理想信念教育优质课程。目前，众多高校已经推出了较多"中国系列"品牌课程，例如上海市高校的"大国方略""创新中国""中国道路""人文中国""法治中国"等系列优质精品课程，它们紧随时代发展脉搏，围绕学生实际关切的问题开展了创新型课堂教学，根植了理想信念教育。

各所高校创设优质课程要从学校实际情况出发，结合学校自身的人才培养目标和优势学科进行教学资源整合，坚持课程的学术性和育人价值性的统一，呈现出高质量的理想信念教育品牌课程。

理想信念教育是高校思想政治教育的核心，也是通识课程助力"课程思政"育人的重要环节，并且理想信念绝非抽象的概念，它更体现为广大师生在学习生活实际之中的言行举止。进入新的历史时期，我们能够从总体上感受到当代大学生具有积极健康的心态，并且怀揣着崇高的理想信念。但是，又不可否认当前存在着的理想信念教育在某种程度上的缺失，和理想信念教育效果不佳的事实。由此，在通识课程中根植理想信念教育势在必行。同时，这也是"课程思政"协同育人在通识教育维度的有益课程探索。教育主体在多元价值盛行、众多社会思潮涌现的复杂意识形态背景下，要密切关注学生的思想动向和价值倾向，在通识课程教学过程中以"润物无声"的形式进行正确的价值引领和有效的理想信念教育。

（三）实现知识与价值观的同频共振

专业课程学习是大学生倾注最多时间和精力的主体课程，以专业课程为载体进行思想政治教育能够对学生产生直接的、重大的影响。"课程思政"的提出是为了解决思想政治理论课和专业课"两张皮"的问题，突破思想政治教育的"孤岛"境遇，在专业课教学中达到知识传授和价值观引领的理想育人状态，扭转专业课程教学中重知识轻思想道德的不良现象。

哲学社会科学相关专业课程，是具有较强意识形态属性的课程，要在牢固把握马克思主义指导地位的前提下，挖掘蕴于其中的思想政治教育资源。在哲学社会科学工作座谈会上，习近平总书记强调："要自觉坚持以马克思主义为指导，自觉把中国特色社会主义理论体系贯穿研究和教学全过程，转化为清醒的理论自觉、坚定的政治信念、科学的思维方法。"[①]哲

---

① 习近平总书记在哲学社会科学工作座谈会上的讲话

学社会科学与人的思想观念、意识形态、精神世界直接相关,是促成学生世界观、人生观、价值观形成的重要力量。哲学社会科学所倡导的对人精神世界的关注、对人生存状态的关切,对公平、正义、法治等价值的追求,对个体大局意识、系统思维的培养等,突出体现了其课程的价值性。因此,以哲学社会科学相关的专业课程为载体,协同思想政治教育有很大优势,前者从课程内容和根本价值取向上都有助于后者育人目标的实现。

自然科学课程同样具有其育人的价值属性,不能将其视为"价值无涉"的实体。自然科学类课程注重科学精神的培育,在科学理性和工具理性的作用下凸显科学技术的价值,强调运用科学技术和科学思维方式去形塑人的物质世界和现实生活,着眼于科技教育去追求科学世界的真理。自然科学相关专业课程所蕴含的科学精神、理性意识和科学思维方式,都是开展思想政治教育的突破口,也是"课程思政"建设重点关注的部分。

九、改进课程教育教学方法

高校要想实现"课程思政""思政课程"共同进步、加强专业课思政育人的效果、达成思想政治教育最终目标,还需调整教学方案,修改不恰当的内容、拓展更多的教学手段。

针对教学内容而言。第一,制订科学的人才培养方案,排查教学大纲中的漏洞,完善课堂教学管理体系,明确各项管理制度,为"课程思政"建立统一的规范体系。努力找出专业课程中蕴含的思想政治教育内容,以此加强课程育人目标的地位。第二,注重教材、制度的完善,将课堂教学作为思想政治教育活动开展的主要场所。尽可能在课程教材中融入一些思想政治教育的内容,使学生在专业课程学习的同时也能接受到思想政治教育,尤其需要融入更多有关社会主义核心价值观的内容。

从教学手段方面分析,高校可以充分借助新媒体技术等设施,丰富教学方法。首先,高校应意识到互联网资源优势的强大作用,通过为所有课程开设独立的网上教学资源数据库,来实现资源分享、宣传的效果,使更多的学生了解到课程内容。同时,专业课教师在日常授课的过程中也要尽可能使用、宣传网上教学资源库,以激发学生的学习兴趣,使学生掌握共享资源的能力。其次,高校可以为全体师生成立综合信息数据平台,以服务学生、教师日常学习工作为主旨，把思想教育穿插教学服务中。这样不仅便于高校的日常管理，更是达到了宣传思想政治教育的效果，且更具渗透力。最后，高校应在坚持"课程思政"的同时，反复总结与反思，使其成为能够被他人借鉴的成功案例。

关于课堂教学方式方面，教师可以通过该门专业课程的特点，将该专业的专业知识技能与开展育人工作的思政元素结合起来，形成以专业知识为主，思政元素为辅的教学形式。这种教学方式不仅能够展现该专业的突出特点及需求，也可以充分体现教师在教学过程中"正能量"的思想教育。该教学方式主要依据思想政治工作规律、教书育人规律、学生成长规律的规则和"知识迁移"的方式来执行。并根据该专业课程的突出特点，使用集体备课的方式，一起探讨该门课程的思政元素，充分展现"整体课堂观"。就目前而言，这种教学方式已经在英文课中的中西文化差异和文化自信的联系、医学课堂中的人文关怀和思想道德教育的联系，以及国家的形式与政策课堂中的爱国主义思想教育等方面，被很好地体现，它不仅寻找到了联动点，同时也守护好了该专业的专业技能。在教学过程中，教师可以采用以基础教学为主、创新教课为辅的课程设计，并在两者之间找到"润物细无声"的切入点，使教学得到从理论到实践的转变。具体的实现是在第一次课堂中学习其理论知识，然后在第二课堂上将上次课堂学习的理论知识投入到实践当中，从而检验理论课堂的教学效果。这种课程设计有利于显性教育和隐性教育的结合，充分体现了该专业课程的思政元素。

另一方面，教师在教学过程中也需要相应的给予学生参与实践的机会。实践是检验真理的唯一标准，实践经验不仅可以将思想政治教育结合到课堂教学中，同时它也是反映教学成果的最好方式。因此，教师应该让学生走入课外实践队伍、走入大众日常的生活社交圈、走入课外网络课堂等，拓宽课堂教学的方式，使学生能够将课堂内外知识融会贯通，满足支持学生的实践发展、社会发展和创新创业的要求。这种方式在激励学生将远大抱负落实的过程中得到了充分的体现。实践探索的指引方向是大思政育人，实践方法是参加志愿活动，实践内容是建立多个满足思想政治实践学分标准和服务性学习的教学基地。不断地增加参与实践的机会，从而让学生得到充分的锻炼，并创建成立一个结合课堂知识教学的实践教学成绩单。

十、健全科学研究平台

高校要改变传统的思想观念,就要搞清楚科研、教学与校外育人主体之间的关系,将科学研究和社会实践、实训也纳入到思政育人体系中,树立"大学术"的观念,即将科研与教学一样看作思政协同创新的一部分,让科研为教学服务,将最新的研究成果融入思政教学的内容和方式之中,与教学有机结合起来。教育主体在进行教学科研工作时要有意识地进行不同教育主体之间的交叉融合,像是将马学科与其他社会科学进行交叉融合,寻求两个学科之间可以协同的地方,这既是学科建设的着力点,也是更好地进行科学研究的发力点。从具体实践工作可以看出,高校通过消除学科之间的学术壁垒,以及不同学科间的资源共享,不断进行协同创新研究工作,并取得了很大成就。

(一) 组建跨学科协同合作复合型科研团队

教学和科研是密不可分的两部分,规范和促进不同学科在科研工作中进行协同,通过与科研机构建立跨学科协同合作研究中心与企业间展开合作,有利于实现多个学科的联动效应。建立跨学科协同合作机制还有助于调动学生学习的积极性,让学生在学习过程中自己发现问题、解决问题,有助于其掌握协同创新的基本思维过程,在思维的不断碰撞过程中擦出协同创新的火花,最终提升学生的创新能力,让学生真正成为思政教育协同创新系统中的一员。

首先,建立新型科研战略联盟。高校要以国家和地方重大战略需求为导向,以前沿科技为纽带,将政府、社会、企业和高校思政教育主体等不同研究方向的队伍连接在一起,突破部门、地区、单位之间的局限性,构建新型科研战略联盟,发挥各主体间的集成优势。不仅如此,在联盟队伍之间还要开放资源共享,实现联盟成员之间关于科研数据、信息、资源、人才等的共享,使各主体通过协同合作取长补短实现整体发展。

其次,建立跨学科研究中心、研究院或研究平台,进一步完成跨学科科教融合的协同工作。在我国,高校大多以研究型大学为主,具有很明显的跨学科合作优势，且高校内部人才资源丰富。高校育人主体在国家重大战略需求、区域经济发展需求和科技前沿发展规划三者中找到交叉点，与其他教育主体共同展开研究，开发具有发展前景的研究项目，不仅可以满足国家的发展需要，还可以促进高校、科研院所间教育主体的跨学科密切交流。

再次，组建由优秀育人主体组成的人才智库，展开针对性学术研究。智库研究人员科研方向要与思政课紧密相关。例如，就目前高校意识形态工作的开展，以及思政教育活动所面临的重点、难点、教育方法及内容展开针对性学术研究。随后，将最新的理论成果与实践工作进行结合，将最新研究成果融入课堂，使研究成果不仅仅是研究成果，更是可以具体时间的实用方法。通过这种方式让智库内部各育人主体养成彼此依赖、相互学习、相互促进的习惯，并以此来促进更大的协同。

最后，鼓励系统内部各育人主体组建复合型科研团队，跨学科、跨部门、跨单位申报科研项目或课题。通过团队制订研究方案，将教学活动与研究活动融合到一起，进行各级各类课题的研究，学校针对此类型协同项目或课题可以提供制度和资金方面支持。还可以通过举办基金、课题申报分享会，优秀论文、研究成果分享会等途径将各育人主体组织起来，鼓励大家在学习过程中搞好科研工作。除了可以支持各育人主体进一步进行学术研究，还可以提升整体的教育水平和协同能力。

（二）注重教育客体创新科研能力培育

新时代教育客体相较于之前的教育客体具有更强的求知欲和对新鲜事物的感知度，能够展现出良好的创新精神。因此要趁势不断优化教育客体的能力结构，进一步提升教育客体的协同创新素质。

首先，着重培养教育客体协同意识。协同意识一般包括三个方面，协同动机、协同兴趣、协同意志。高校要培养教育客体的协同意识，要有目的地激发教育客体的协同动机，促进其产生协同兴趣，磨炼其协同意志。在教育客体间，高校应积极宣传协同创新思想，帮助其了解当前的各种政策及经济发展走向，认清当前我国发展面临的机遇与挑战，让其将自身命运与国家命运紧密连接起来，提升民族责任感，激发协同意识。高校还应给予协同创新足够的包容性，倡导自由的学习风气。教育客体可以大胆地对老师提问，提出自己的质疑，并且鼓励其自主去解决问题，在问题解决的过程中发现新观点、新想法。

其次，着重培养教育客体协同能力。教育主体要坚持个性化管理，注意因材施教，注意每一个教育客体的独特性和自主性，选择适合的教育方式进行协同教育。坚持实践性原则，让教育客体参与实践活动，在实践中锻炼其动手能力，学会与他人合作，提高协同能力。例如，协同不是一个人的灵感乍现，需要有集体的力量做支撑，高校可以开展科研、设计、制作、实验等各种协同创新比赛，引导教育客体组队参与，让教育客体通过协同合作共同讨论比赛中遇到的问题和发现的新想法，通过相互分工合作相互启发、相互激励，激发各自创新潜能。学校要为开展协同创新活动提供方便，全面放开工程训练中心、实验室、教研室等，并配套相应实验器材，允许有需要的教师申请使用，并且对教学效果显著的教师提供一定的物质和精神奖励。

最后，在教育客体间树立协同创新榜样。教师可以选取比较积极且协同创新能力较强的教育客体，拉动他们一起参与前期的协同创新探索工作，有意识地将其培养为协同创新典型。并大力宣传其个人事迹，通过榜样示范的作用逐步扩大在教育客体之间的影响力，从而吸纳更多的人加入协同创新队伍。可邀请协同创新成果比较好的优秀校友回校做讲座，讲解自己的科研经历或者协同创新成果，让学生从其中获得启发。教育客体只有不断拓宽自己的视野，才能迸发更多的思考。可定期举办科研之星、创新之星等评选，激发教育客体参与协同创新的热情，培养更多勇于协同，敢于创新的优秀人才。

第四章　高校课程思政教育的发展与创新

本章的主要内容为高校课程思政教育的发展与创新，依次介绍了高校课程思政教育的发展趋势和高校课程思政教育的创新策略两个方面的内容。期望能够通过作者的讲解，提升大家对相关方面知识的掌握。

第一节　高校课程思政教育的发展趋势

一、我们该如何进行课程思政教学

课程思政是一种综合性教育理念，也是一种教学实践。既然是理念和实践，就难有一个统一的标准和模式，因而落地时会百花齐放。但先行的学校已经探索出了可参照的"课程思政"模式及教学设计模板等。各学校、各专业和各教师可以在此基础上，探索自己的建设模式和工作模板。我们要做的是"课程思政"，不是"思政课程"。"思政课程"应该有统一的课程标准，但其他课程要根据课程的自身实际，挖掘蕴含其中的思政元素，因此每门课会有其不同的着力点，每位教师也会有不同的教学模式和教学方法。

实施课程思政需要遵循四个基本原则：一是实事求是，二是创新思维，三是突出重点，四是务求实效。实事求是是出发点，创新思维和突出重点是方法论，务求实效是落脚点，也是进行课程思政评价的关键点。如能把握住这四个原则，实施课程思政就不会偏离正确的方向。

我们教育的目标是育人，不是灌输思政知识，更不是将学生作为完成教师德育工作的载体或工具。"门门课程有思政"这句话是对的，但这不是要求堂堂课程都要有思政。课程思政的内容与课程思政的目标是相关的，机械地要求是不符合实际的，要根据课程需要、学生情况，自主设计、灵活安排。

方式方法是为目标、对象和内容、环境等服务的，不同的课程、不同的学生和教师、不同的人才培养目标，要采取的方式也可能不一样，效果也会不同。然而现实中存在这样一个共识：教师在教学活动中所展现出来的理想信念、治学精神、人生态度、价值取向等，对学生有着莫大的影响，"教师的言传身教"和"学生的耳濡目染"是课程思政最见成效的方式。

学生在上课过程中，如能从各个细节感受到教师认真备课、用心讲课、用心倾听学生心声、以同理心对待学生的学习处境、认真批改学生作业、用心实施以学生为中心的教学，他们就会深刻地感知到这位教师的敬业精神，这份感知会感染到他们，进而影响到学生对学习的态度，影响到他们未来对工作的态度和言行。

课程标准是教师设计课程、实施教学的基本规范与指南，要对课程性质、目标、内容、教学方法、教学资源、教学条件、考核方式、评价标准等做出的原则性与方向性的安排。立德方面的要求，需要在上述方面有具体的表述。当然，在此之前，需要明确这门课程要立什么"德"。有明确的指向，又有具体的体现，如果再增加一些个性化的安排，比如对学生作品评价环节，将是否彰显民族文化作为一项指标，课程思政会更有吸引力。

专业内容与课程思政两者不是对立的，以忙为借口不去花工夫学习思政理论知识，实际上是重技轻德的表现。当然在具体的工作中"道可顿悟，事须渐修"。首先，可先记住社会主义核心价值观，当然更要理解。比如"富强"，它与以经济建设为中心、物质基础决定上层建筑、以人民为中心、社会主义初级阶段的判断等密切相关，理解了就好讲了。其次，对于课程思政的内容和切入点，建议先在1~2个思想政治教育问题上做深做透、做出成效，再去探索"融入课堂教学各环节"，这样从易到难，逐步深入，既不会流于形式、疲于应付，也不会感觉太难，望而却步。

新教师在专业课教学中，只要传递正能量，把公平、正义、爱岗、敬业、善良、友爱等正确的价值观传递给学生就好。只要新教师自身注重与学生教学相长、不断提升素质，注意言谈举止，率先垂范，为人师表，在潜移默化中，学生就会受益良多。

思政教育，特别是隐性的思政教育，的确需要教学载体来融入课程思政元素。推荐以下5种载体供大家参考：

①通过历史知识，如在"铁路经济学"课程中嵌入中国铁路从无到有，再到世界领先的发展过程。

②通过典型人物寻找榜样，如在"创业基础"课中介绍创业人物如何为社会创造就业机会、促进社会进步。

③通过典型事件，如在"中医药基础"课程中展示中医药与当代科学结合，在新冠病毒防疫中发挥重大作用。

④通过价值冲突，如在"建筑设计"课程中介绍成都恢复流动商贩经营过程中的不同观点，引导学生在设计中尊重人、尊重普通人，体现以人民为中心。

⑤通过学科或专业发展历史上形成的人文精神挖掘动力，如在"康复技术"课程中，从本专业的发展形成的人文关怀，寻找专业和岗位认同。

课程思政的主要教学方法与专业课的教学方法，没有本质的区别，而且还需要充分利用之前我们教学方法改革的成果，主要教学方法大致有以下4种：

①直接讲授，这是"课程思政"建设之初教师常用的方法。需要特别提醒的是：讲授的思政内容一定要与专业课的内容密切相关、有机相连，否则可能会适得其反。

②是启发引导，给素材、问题，让学生自己思考或分组研讨，如果素材贴近学生的学习生活且新颖丰富，对于如何思考、交流有具体指引，效果一般都不错。

③设计安排项目、任务或者活动，行动导向旨在内化于心、外化于行。例如，教师带着学生做一件具有公益性的事情，就如运用电商技术销售自闭症儿童的手工制品，动手就是动心。

④只要教师用心上课，使学生从他身上看到真、善、美，感受到生而为人的乐趣和责任，即便对思政、道德、价值等没有专门涉及，效果也会很好。

这里需要注意的是：当前课程思政采用最多的方法依然是讲授法，即使讲授很生动，但是教学效果依然有限。因为讲得再好，也只能在认知层面达到转变或者认同，要想提升"课程思政"教学的效果，就需要让学生在行为层面有所表现，所以课程思政教学方法的选择不能忽视引导学生的参与、体验和实践。

在实施教学之前开展教学设计，已经基本形成了共识，所以我们特别重视课程思政的教学设计。实践证明，依据教学设计方案实施教学会有效提升教学的效率。但是由于课程思政内容的特殊性，实施课程思政的载体具有多样性（比如可以举不同的案例、讲不同的故事、开展不同的活动而实现相同的目标）。实施课程思政的时机还具有一定的偶然性，因此，在完成教学设计的规定动作之外，要时刻保持对教学的敏感，把握住其他一些稍纵即逝的教育时机，强化课程思政教学效果，及时补充在教学反思之中。

二、构建课程协同育人的综合机制

"课程思政"的教学理念目前还未普及全国，但一线城市的部分高校已实现"课程思政"教学改革。比如上海大学一系列"中国系列"创新课程，从"大国方略"到"时代音画"；上海师范大学采用了小范围的专题沙龙，学生可以自主选择与教学"大咖"互动对话等。

在成功经验的启发下实现高校课程思政体系的构建，具体需要做到几点。

首先，发挥高校党委政治核心作用，是思想政治教育课程协同育人体系构建的重要保证。成立"课程思政"的指导小组，努力强化课程改革的顶层设计，使课程在融合交流过程中有据可依。其次，形成一定的课程协同机制，是思想政治教育课程协同育人体系构建的核心。实现课程协同，一方面要坚持思想政治理论课的核心地位，采用多样化的教学方法和教学模式，实现课程思政显性价值的发挥。同时利用协同学中的"支配原理"，强化专业课和党课的育人功能，拓宽党课的教育面，加强党课内容的考核。同时加强专业课程单一的专业知识转化，开展特色育人活动，比如，美术学院——"书画中国梦"、计算机学院——"科技强国梦"、数学学院

——"数字强国梦"等。最后，做好课程融合的监督、评价机制，是思想政治教育课程协同育人体系构建的有效保障。建立课程监督评价小组，采用"头脑风暴法"对课程协同方案的计划、实施情况进行有效评价，发现课程协同不到位的内容，及时给予方案的调整。

构建课程思政体系，有利于突破课程的"孤岛化"，提高课程的融合度，同时有效避免课程趋于相似；有利于提高各类课程学术研究的广度、深度，丰富各学科的教学方式和教学内容；有利于各类课程德育价值的发挥，突出课程特色。

三、平台之间协同，实现优势互补

课程思政教育平台协同育人，是实现立德树人目标的重要路径之一。在校园这个大的平台中实现课程思政教育协同育人的目标，可以充分利用第一课堂、第二课堂（社会实践等）、第三课堂（互联网）等小平台，以小平台带动大平台，为学生的全面发展提供和谐活泼的育人环境。

第一课堂是教育者"传道授业解惑"和受教育者接受内化知识，并转化为有效行为的重要场所。第二课堂则是第一课堂的有效补充，是受教育者用实践检验所学知识的重要场所。第三课堂也是第一、第二课堂的重要补充，是传播和共享信息的重要载体。三个课堂的联动，有利于促进校园文化的建设。

（一）突出平台协同育人的个性特色

三个课堂个性育人优势的发挥，有利于校园育人功能的凸显。

首先，第一课堂是教育者和受教育者社会化和个性化的互动。按照学生思想道德的需求和社会思想道德的要求，通过课堂互动，实现自教性和互教性的统一，使学生在教师的引导教育和自我教育中，培养出高水平的思想道德素养。其次，第二课堂是补充，主要是通过社会实践活动检验学生知识内化情况。"人的正确思想，只能从社会实践中来。[1]"通过社团组织、志愿服务、支教助教等，充分激发学生的主观能动性，使学生在实践

---

[1] 毛泽东. 人的正确思想是从那里来的？[M]. 北京：人民出版社，1964.

中获得新的认识,并再次指导学生的实践活动,如此循环往复,丰富学生的社会经验。最后,第三课堂可以树立互联网的思维。互联网的开放性、共享性的特点,可以促进知识快速传播,方便人与人之间的交往,有利于育人功能的发挥。

三个平台优势的发挥,为校园文化的建设提供了新思路,而校园文化的建设为三个平台作用的发挥奠定了基础。因此,重视三个课堂育人优势的发挥,推动校园文化建设中育人功能的集结,有利于构建良好的平台协同育人路径。

(二) 弥补平台协同育人的短板因素

根据"木桶定理",三个课堂都存在一定的短板。若将三个课堂协同联动起来有效避免短板因素的影响,需要实现第一课堂与第二课堂协同,形成课上课下协同联动;也需要实现第三课堂与第一、第二课堂协同,形成线上线下协同联动。

各个平台存在的短板因素主要表现在:首先,第一课堂以教定学,师生互动具有单向性,学生主体地位发挥不明显;其次,第二课堂存在形式化,实践基地比较少;再次,网络具有虚拟性,存在不健康信息;最后,校园文化建设缺乏特色等。

因此,平台协同育人的形成,需要遵循三方面的要求。首先,课上课下和线上线下协同育人要为一致的目标服务。围绕立德树人任务和学生全面发展的目标,清晰"两联动"的关系,驱动思想政治教育资源发酵扩散,让正能量充斥校园生活。其次,"两联动"要遵循一定的制度规范。根据当前高校思想政治教育的形势,形成"两联动"共在模式,与高校发展密切融合。在此过程中,注重用制度规范监管课上课下、线上线下联动的发展情况,抓住其中的主要矛盾,解决好渗透与反渗透、破坏与反破坏的尖锐斗争。最后,"两联动"要具有充分的行动能力。通过课上课下联动、线上线下联动,促进思想政治教育知识融会贯通,激发师生主体性互动,在互动中优秀地完成协同活动。

在一定目标的引导下,制度规范的保障,有利于发挥"两联动"的积极因素,提高行动能力,为协同活动营造和谐融洽的平台育人环境。

（三）构建平台协同育人的综合机制

目前，互联网出现许多教育协同平台，但鲜为人知。然而，平台协同育人是以系统手段来规范各要素的协同活动，为掌握全局，实现信息资源共享，减少信息"孤岛"，防范风险，需要平台协同育人的综合机制发挥实际作用。

首先，坚持高校党委领导的领导机制，通过有效的顶层设计，有效管理课上课下、线上线下联动，使联动作用的发挥遵循高校思想政治教育育人规律。其次，坚持有效的协同机制。利用计算机支持的协同工作技术（Computer Supported Cooperative Work，Cscw），建立学术研究交流平台、教学策略交流平台、思想品德心灵鸡汤交流平台等，通过多个交流窗口，实现传统教育方式和新型教育方式的有效融合，丰富校园生活。通过计算机协同工作技术的运用，促进校园文化的建设，充分利用校园的走廊、文化广场、教学楼、宿舍楼、图书馆等公共场所，以文育人，建设一个集思想性、生活性、服务性、知识性于一体的校园主题网站。再次，建立平台协同保障机制。在目标管理下，通过资源共享、软硬设施的投入、资金的保障，促进平台联动的有效进行。在联动过程中，保障参与主体权益不受侵犯，保障联动过程有序进行。同时，建立评价机制，对效果良好的交流平台给予发扬，效果不佳的平台根据情况给予调整。最后，建立监督机制。在联动过程中，很容易出现一些不良思想和不良行为。为此，进行有效的监督是必要的。在监督中，如发现不协调的缺口，要及时进行反馈，给予意见和建议，并严厉打击糟粕知识和扭曲精神，净化育人环境。

实现平台协同，要坚定不移、不忘初心地抓好课堂主渠道，深入推进社会实践，有效用好互联网，着力建设校园文化，真正地唱响"真善美"，贬斥"假丑恶"。

总之，高校思想政治教育协同育人就是要整合校内的优秀资源，协同所有的教育力量，创新教育的渠道和方式，系统构建思想政治教育协同育人的有效路径和综合机制，从而形成思想政治教育总体合力。

第二节 高校课程思政教育的创新策略

一、课程思政制度构建

（一）完善课程思政管理中层架构

1. 明确课程权责细分

国内各高校课程思政顶层设计架构基本相同，即校党委书记为第一责任人，分管校领导为分管负责人，然后在此框架的基础之上成立各部门、学院负责人参加的领导小组或工作小组。而在高校课程思政中层管理架构中，各校区别较大。因此所在高校必须根据校情实际，明确到底是校党委宣传部、教务处、马克思主义学院等中的哪一部门来负责本校课程思政的管理和协调。一方面要统筹兼顾，做到横向协作、各司其职、齐抓共管；另一方面要极力避免"各司其职"的分工造成"五龙治水"局面，出现成绩、成果，各部门蜂拥而上，导致出现问题、难题则分别维护本部门利益。所以，在高校课程思政中层管理架构内，必须明确指定唯一的部门（学院）来负责管理、协调课程思政在本校的落实，并给予充分的管理、资源配置权限。

高校课程思政管理中层架构中，校党委宣传部、教务处、马克思主义学院等重点实施部门，应细化明确参与课程思政管理、协调及指导人员的权责，严格按权限实施层级管理，提高工作效率。上述中层部门课程思政权责可细分为：部门（学院）正职为第一责任人、部门（学院）分管副职为直接责任人、落实课程思政的科室（学系）主任为工作负责人。当然，这个问题的难点是：由二级院系党组织书记为第一责任人还是中层部门（学院）行政正职设定为第一责任人；分管教学的部门负责人是否有权限分管教师队伍的思想政治建设。课程思政，立德树人为核心，落脚点为思政，关键点是对党的认同。我们的建议是由校党组织书记来负责课程思政管理，教师的思想政治建设纳入到教师队伍建设和发展中去，由分管教师队伍建设的负责人在二级院系党组织书记的领导下分管课程思政。

2. 发挥二级院系党组织的核心作用

对于课程思政管理、协调及指导部门，二级党组织书记为第一责任人。同样在高校管理体系内，数量相对较多、具体负责教学实施的二级院系第一责任人也应是相应的党组织负责人。课程思政改革中，既然高校党委负主体责任明确了，那么在课程思政落实中，本院系党组织同样也担负着课程思政在本院系的主体责任。二级学院党组织应制订本单位的责任落实清单，做到职责明确、管理到岗、落实到人。党员教师必须服从所在院系党组织的工作安排，如有异议，可通过正常渠道向上级有关党组织反应。非党员教师，由二级院系党组织中的统战员来加强管理和协调，并及时将向上级统战部门汇报工作情况。

3. 高校应设立党委教师工作部

在当前高校思想政治工作环境下，思想政治工作不仅仅针对学生群体，更包含对全体教师的价值引领和政治教育，因此在学校中层管理组织框架内成立专门的教师管理、思想教育负责部门已有必要。传统意义上，学校教务处负责教学和教师管理，但现实中教务处却只负责本科生教学。因此，有些高校通过成立"本科生院"来替代原先"教务处"的职责，研究生教学则早有"研究生院"。所以，本校教师的统一管理需要成立一个统揽全部教师管理的常设机构，避免人员管理出现盲区。高校课程思政实践无论是由教务处负责管理、马克思主义学院负责牵头还是各二级学院独立运行，学校都应在校党委统一领导实施的框架内，设立校党委教师工作部来专门负责对课程教师的统一管理，来加强党对教师队伍的统一领导，尤其是立德树人理念的思想引领。

（二）建立和完善课程思政实施制度

1. 合理制订本校课程思政实施计划

首先，要确保学校层面制订的课程思政实施计划是可执行的，这是课程思政教学改革得以顺畅运行、长期落实的关键。可执行的计划主要特征体现在三个方面。

(1) 适度管理，不过度计划

课程思政实践一定是基于基本国情、基础校情开展的，教学目标要结合大学生群体的现实思想道德状况和政治理论水平。教师作为课程思政行为主体，课程思政计划的制订要考虑到本校教师的学科特点及教学科研工作实际，特别是关于课程思政教学的指导培训要做到目标可实现、时间有余度，日常教学与科研进程不受影响。

(2) 设立合理预期

课程思政教学改革要达到本校所有教师教学能力提升、大学生综合素质明显提高等目标不是一蹴而就的，一定是本校教书育人落实状况和大学文化长期积淀、动态发展的过程。高校课程思政就是要抓住各发展过程的特点，建立某一特定时期的阶段性预期，使计划与预期是合乎常理的，进一步使课程思政实践能达到"遵循思想政治工作规律，遵循教书育人规律，遵循学生成长规律[1]"。

(3) 制度要细化并具备操作性

结合本校、本部门、本学院的实际，从课程思政最需要解决的问题入手，把课程思政实施制度制订得更具体、更缜密、更规范，不仅要说清是什么、为什么，而且要说明怎么办、由谁办、何时办等。唯有将制度细化、量化、具体化，才能使课程思政教学真正落到实处。

2. 加强课程思政资源保障

(1) 坚持责任主体同时也是权力主体的理念

在学校内部，对于课程思政直接负责的校级部门要授予其教师管理、教学管理及课程思政资源（包括人力资源和财力资源）调配的直接权力，没有教师管理权限的部门很难担当起课程思政推进职责。比如，新设的"党委教师工作部"可以加强对教师的日常管理，并给予惩处和嘉奖权，避免政治不合格、道德水平低下的教师承担教职。

(2) 投入与对应责任相匹配的资源

课程思政教学落实单位主要在二级院系层面，课程教师所对应的日常管理、教学管理通常也在二级院系。一所学校，校级层面的资源调配与统筹往往较为顺畅，但是在二级院系，其资源的获取能力、分配水平经常是

---

[1] 习近平总书记在全国高校思想政治工作会议上的讲话

不均衡、矛盾突出的，甚至职责难以明确。尤其是在当前课程思政教学改革与教师所承担的学科利益、科研成绩、职称晋升等无直接联系的状况下，二级院系若对本部门教师课程思政实施缺少相应投入或应有关注，会导致"做与不做一个样"，教师履行课程思政教学改革的积极性就会严重受影响。

(3) 技术资源保障

学校课程思政负责部门应与马克思主义学院，建立课程思政教学联系制度，发挥思想政治理论课在课程思政实践中的先行地位与引领、指导作用，按计划、分批次开展课程思政教学改革教师培训、规范制定、教学试验的组织等，始终保持知识类课程与思想政治理论课同向同行、协同育人。

(三) 加强对课程思政师资统一培训力度

目前国内各高校对于教师晋升高级职称，一般原则上都要求"连续6个月及以上的国外大学学习、研修经历"。参照这一条，学校应当规定教师晋升高级职称时，党员教师须有至少连续一周时间的本校或省级党校、干部学院的学习培训经历；非党员教师须有至少连续一周时间的本校或省级社会主义学院、干部学院的学习培训经历。只有学校及上级官方机构设立的政治学习培训单位，才是系统化提升政治素养的供给方，具有政治理论解释的科学性、权威性和学习结论认定的官方性、严肃性。统一培训并不是放弃日常教学工作，其对高校日常教学影响不大，因为时间仅一周左右，而且是分批次学习。

(四) 建立和完善课程思政实施综合评价体系

各高校现行的教学过程监督、评价体系与课程思政教学的督导、评价并无冲突之处，因此，关于课程思政的评价，我们应首先运用当前已普遍设立的各级教学督导队伍、学生信息员队伍，以及教师网上测评系统等途径。本途径要避免两个现象：比如教学督导听一节课，发现教师无思政融入，断不可将结论定为教师未落实课程思政；教师发现督导或管理干部来听课，课堂上及时调整教学内容，立即讲解思政元素，教学督导就得出教师落实课程思政得力的结论。因此，常态化的评价建立比单次、偶尔抽查更为重要。所以，学生信息员队伍、学生网上测评是反馈教师课程思政日常实施情况较为全面的途径。现实中，可能有教师担心会得"差评"而降低学习、考核标准，"不为难学生"；也有学生因为课程考试未通过，而给课程教师打下不符合客观实际的分数，这时候就要注意运用多数学生的测评结论及考察教师的一贯表现。一项举措，往往有利有弊，但不能因为"点"上的不足而否定"面"上的功效，而是要做到现行评价手段的多角度观察、各方面结合。

（五）通过政策倾斜促进平衡发展

"课程思政"与思政课程协同育人在院（系）、教师及课程之间的不平衡，受制于多方面因素，包括教育教学观念、重视程度、建设基础，等等。其中教育教学观念、重视程度可以通过观念更新教育、制度机制等途径解决，但建设基础是至关重要的因素，不是一蹴而就、一朝一夕能够解决的。建设基础是长期积累的结果，高校各学院建设基础参差不齐，教师队伍的水平有高低之分，这些都直接影响到课程建设的水平。因此，推进"课程思政"，实现"课程思政"与思政课程的协同，解决院（系）之间、教师之间、课程之间的不平衡，必须充分考虑到建设基础问题，对于基础较弱的院（系）、学科专业、教师、课程要采取适当的倾斜政策，如果在项目申报评审、经费支持、成果评定等方面使用"一把尺子"，就会挫伤积极性，拉大发展差距，造成更大的不平衡。因此，从现实情况来看，通过政策倾斜解决院（系）之间、教师之间、课程之间不平衡问题，应当是一种切实可行的手段。

（六）积极应对外部社会环境的潜在冲击

单一地追求经济发展和多元文化，对高校课程思政建设存在一定的负面影响，提请各高校提前谋划、积极应对外部社会环境潜在冲击。后续将从建立合理规范的风险防范机制、开设相关课程加强正面引导两方面提出策略建议。

1. 建立合理规范的风险防范机制

部分大学生存在的思想道德风险多集中于信念动摇、素质低下、自我放弃、脱离实际等方面，导致其自我约束力差、生活能力弱，无法形成有效的常态化应对措施。为了降低大学生出现道德风险的概率,提请学校针对单一追求个人利益最大化及多元文化的冲击效应,建立合理规范的风险防范机制,具体包括领导机制、管理机制、落实机制、评价机制四方面。领导机制方面:提请学校党委担起主体责任,亲力亲为,深入高校课程思政建设一线调研、座谈,制订防范机制建设方案。管理机制方面:学校教务处、各职能部门、各二级学院要明确自己在防范机制中的定位,并形成有效管理机制。在落实机制方面:教务处、各职能部门、各二级学院要从本职工作出发、从学校学院实际出发、从学生角度出发,真正将防范机制的各项要求落实实处。评价机制方面:坚持立德树人的指导理念,将教师融入思政元素后的教学质量,与学生个人成长发展为主要尺度的评价标准,并对水平较高的教师予以奖励,形成正向激励。

2. 开设相关课程加强正面引导

开设相关的课程加强正面引导外部社会环境中潜在的影响,专门开设相关课程,主要目的是将冲击的基本特征、内涵及潜在影响向大学生进行说明解读,帮助大学生充分认识到部分外部社会冲击对其今后发展的影响,使其主动的认清外部冲击的不好影响,远离外部社会环境,积极投入到校园学习活动中来,切实通过学校的教育来提升自己的能力水平,真正做一个有利于社会的有用的人。具体建议:一是建设跨学科科研团队,针对外部潜在的环境冲击第一时间进行捕捉分析,制订研究课程,开展讲解工作;二是组织成立学校社团,在学校党委、团委的正确领导下,积极组织社会实践活动,引导学生参与其中,谋求通过社会实践帮助学生认清外部冲击的不利影响,树立正确的世界观和价值观;三是利用信息技术手段,通过线上平台线下活动双管齐下,增强对大学生的引导频度,扩大对大学生的覆盖面。

3. 加强课程思政的理论攻关

理论研究的过程,就是发现问题筛选问题、研究问题、解决问题的过程。只有具有鲜明的问题意识、突出的问题指向、科学的解题方法,才能守正出新、不断超越、不断完善。课程思政是一个新理念,一个新事物要想确保课程思政推进的效果,就需要持续加强对课程思政相关问题的深入研究。加强课程思政的理论研究和规律思考,能够更好地解释此项工作推出的背景依据,增加公信力;能够更科学地预判关键环节和发展趋势,更具前瞻性；能够更有效地指导工作实践更具指导性。具体来说有以下两方面。

(1) 深入研究"三全育人"理念的落地机制

习近平总书记在全国思想政治工作会议上强调，要把思想政治工作贯穿教育教学全过程，实现全方位、全过程、全员育人[①]。但"什么才算'三全育人'""如何才能做到'三全育人'"等问题亟待深入研究。一方面，需要及时转变理念。要将课程思政工作与"三全育人"理念有机统一起来，树立高校"大思政"思维，打破资源的壁垒、队伍的隔阂、体制的掣肘，从教育教学的全局、立德树人的大局通盘考虑。另外，要在体制机制上创新突破。从育人目标着手，把教学资源、培养方案、内容方式、考核评价、配套保障等结合起来，顺利实现从思政课程向课程思政的转变，最终形成教育合力。

(2) 深入研究形成科学有效的教学方式

在课程思政的教学实施中，要突出显性教育和隐性教育相融通，将价值引领蕴含在知识传授和能力培养中，注重在价值传播中凝聚知识底蕴、在能力培养中体现价值内涵。而要将课程思政理念落地到每门课的教育教学过程中，就要牢牢把握课堂教学的三要素——教师、学生、教学内容。通过设计有效的教学方式，让教师首先接受承担思想政治教育职责的理念，并选取精准的教学内容，让学生在求知中潜移默化地接受价值观的引领。只有将社会主义核心价值观巧妙融入课程教学中，充分发挥课堂主渠道作用，才能真正做到立德树人、教书育人。

从总体推进情况看，课程思政还处于试点和推广阶段，关于课程思政的深度理论研究、实践经验凝练还未全面铺开。要进一步提升课程思政工作的成效就需要进一步加强学科建设、师资队伍建设、课程建设和教育教学改革的研究，就需要进一步发挥马克思主义理论学科优势，整合力量、联合攻关，以习近平新时代中国特色社会主义思想为指导，围绕立德树人的中心环节，聚焦课堂教学重点和难点问题，推动课程思政工作逐步走向制度化、规范化和常态化。

---

① 习近平总书记在全国思想政治工作会议上的讲话

二、课程思政教师提升

(一) 促进专业教师自主、自觉认知

学校应对广大专业课教师引导和加强社会主义高校办学方向、高等教育的目标是培养社会主义接班人等方面的认知,从而注重知识传授和知识运用方向上的统一。多数高校教师具有国家事业单位编制和干部身份,既然承担教学任务,那相应的教育职责、政治立场也应充分担当起来并站稳。同样,高校要注意工作环境对教师群体观念的现实影响,尤其是树立正确的选人、用人及职称晋升导向来营造"风清气正"的校园环境,这是对广大教师最直接、最具操作性、也是最有效果的教育引导形式。要注重提升专业课教师落实课程思政的自觉性,保护课程教师教书育人的原生动力和内在积极性,既要贯彻落实课程思政教学改革,又要适当给教师群体繁重的教学科研任务"松绑",做到"有所为,有所不为",给足教师群体对教书育人的自主思考、自主探索、形成认知的时间和空间。

(二) 提高教师的师德师风素养

课堂教学的执行者是教师,高校要将教育资源进行整合,就必须发挥教师的德育意识和德育能力,加强师资配备,强化队伍建设,提供各种保障,搭建学习和交流的平台,组建一支专业的课程思政研学团队。从某种意义上讲,专业课教师是实施铸魂育人的主力军,他们的一言一行、一举一动往往会对学生的品格形成产生很大的影响。所以,高校需要打造一批具有政治强、有信仰、人格正、视野广的高素质的教师。

第一,强化政治理论学习,在提升道德素养方面下功夫。随着课程思政教育理念的发展,教师要不断地加强自身建设。不仅要政治立场坚定,政治站位高,全方位提高思想政治素质,而且要摆脱不良思想的冲击,才能真正贯彻课程思政的教育观念,加强学生的思想政治教育,推动师生共建课程思政。

第二,重视师资队伍建设,提高专业素质。课程思政教育理念能否顺利推进,教师是关键力量。因此,各高校要统筹规划,重视对专业课教师

的思政治教育意识的培养。注重教师的专业团队建设，加强课程设置，教学计划书编写、教学内容的选择、教学目标的确定和教学评估的实施等各个环节要全力协作，相互交流和学习，融合并发挥专业课的优势，才能真正将课程思政要素纳入教学活动的全过程中，从而提高教师的专业素养，为人才的培养奠定坚实的基础。

第三，转变教学观念，增强归属感。应新时代教育理念的要求，教师应充分认识专业课程的内在价值和社会属性，加强思想教育的时代感、使命感和社会责任意识。在日常教学中教师不仅要注重教学专业知识，而且要重视价值观指导，这就要求高校教师要积极转变教学观念，强化思想政治理论研究，加强专业知识和能力素质的培养，使专业课的显性教育与隐性教育相结合，从根本上提升教师的思想政治素质、职业道德水平和职业归属感。

三、课程思政体系构建

（一）强化思想引领，加强理念学习

高校课程思政改革是在高校思想政治工作中，对马克思主义基本理论中国化的具体展现，加强高校课程思政建设的前提便是要强化思想引领，持续做好课程思政建设教育理念的学习工作，切实让所有的课程思政建设的参与者，从讲政治的高度认识到高校课程思政建设的重要性和紧迫性。

无论是马克思主义基本理论、中国特色社会主义理论，还是习近平新时代中国特色社会主义思想，都是开展高校课程思政建设的理论源泉。在今后继续推进高校课程思政建设的过程中，必须要不断坚持其对相关工作的引领效应，即结合上述理论指导高校课程思政建设这一实践活动。

具体可以从如下三个方面进行。

1. 加强相关理论的全面学习

各高校党委、各学院管理层、各党组织都应该加强相关理论的全面学习，提升自己认识事物、揭示事物的本质和规律的理论水平，用于指导高校课程思政建设的实践活动。

2. 加强研究探讨交流学习

学习研究不能孤立进行，否则对于指导实践会引致不利的结果。各地区、各高校在加强上述相关理论学习的同时，应该加强研究探讨次数和交流学习的机会。通过研讨会、交流会等形式，学习各个学习者对于高校课程思政建设的不同理解和分析，特别是在实践中存在的问题、存在问题的原因、实践路径的交流学习。

3. 推进理论创新，增强理论自信

理论创新一直是马克思主义基本理论、中国特色社会主义理论、习近平新时代中国特色社会主义思想永葆青春的重要保证。随着时代的前进和形势的变化，指导实践的理论与实践的协同性会出现一定程度的差异，这便要求我们理论工作者应该顺势而为，持续推动理论创新，以此不断指导高校课程思政建设。在推进理论创新的同时，还要增强所有参与者的理论自信，对于我们自身课程思政建设中涉及的理论、道路、制度、文化等各方面都应有坚定的信仰和信念。

（二）坚持协同课程育人体系

课程是教育教学中的核心构成部分，是承载教育内容的重点输出方式。思政课程是我国高校思想政治教育的主渠道，但在专业课程和通识教育课程中同样包含思想政治教育元素，也承载着一定的思想政治教育功能。例如，针对此，兰州大学出台了《兰州大学"课程思政"建设实施方案》，西南大学制订《西南大学课程思政项目实施方案》等。在高校全方位思政育人体系的创建中，要充分激活其他课程的思政育人功能，打造具有多元化格局的育人内容，必须坚持思政课程与课程思政相结合构建课程育人体系。首先，要始终把握思政理论课的核心地位。在课堂讲授上，要在保持其学理高度的同时与时俱进地对其承载内容进行适当的调整与改进，以现实问题为中心，把道理讲通、讲明、讲透，保证思政教育工作的针对性、时效性，顺应社会主义事业建设大势，满足不同时期内大学生对于思政知识的学习需求，增强大学生对于思政相关理论观念的接受及认同程度；在教材编写上，要组织成立专家委员会，对教材内容和次序如何编排制订统一规范，并定期指导、评审、修订。其次，要打破思政课程与其他课程之间的"孤岛效应"。打造协同教学机制，做到其他课程对思政课程的积极响应与配合,共同完成对当代大学生的思想政治教育工作。以"课程思政"作为目标来对大学课程教学体系进行改革与创新,第一步要调整当前的课程设置情况,筛选、归纳和梳理各个学科知识中所体现出的思想政治教育元素,对各类课程的教材内容进行调整;第二步,在教授知识、技能的过程中,从代课教师的一言一行中发挥出思政教育的渗透功能;第三步,要以马克思主义理论学科建设作为基础支撑,在用马克思主义的观点、方法指导各学科建设的同时,加强各课程与马克思主义理论学科的对话沟通,将马克思主义中国化的最新理论成果融入各学科建设,回答学生关心的热点、难点问题;第四步,创新课堂教学方式。采取灌输和启发相结合的课堂教学方式,是提升课程思政中学生主体性的根本途径。思想政治教育工作的政治性、时代性要求其输出内容具有鲜明的意识形态属性,而具有主导性、强制性的灌输法与具有排他性的意识形态特征是一致的,是受教育者接收主流意识形态影响最直接的途径。当然,大学生是具有一定知识储备的高层次人才,教师既要传输信息给学生,又要调动学生发挥其能动性,通过启发引导,使其参与到对问题的分析、解决中,在对过程的积极思考下实现对思政教育内容的客观反映到主观建构的过度。

四、课程思政工具运用

有人说:真正的高手都是一套方法论搞定一堆工作,而顶尖的高手都是用一套心智模式搞定所有工作。为使课程思政工作方向正确、方法科学,特以马克思唯物辩证法为指导,以社会主义核心价值观为取向,从学生面临的思政问题出发,借鉴(Neuro Linguistic Programming,NLP)神经语言程序学理论和"教练技术",为大家提供15个课程思政与学生辅导的工具。

(一)强有力问题

我们经常说"授之鱼"不如"授之渔","授之渔"不如"授之欲"。面对思政问题更是如此。"强有力的问题"是一个重要工具,能帮助我们通过提出"强有力问题",启发引导学生自己找到解决问题的方法,激发他们自身的动力。

我们在与同学对话中,问题可分"封闭式"和"开放式"两种。

封闭式问题只有"是、不是",或"非此即彼"式的答案,对于明确问题,做出选择会很有帮助,但这倾向于关闭对话。

开放式问题鼓励人们去深入思考,可以自由而开放地回应问题。通过不断的、有目的的留意那些打开思路的方法,实现间接的教育和引导,这就是开放式问题的力量。

开放式问题能让人们放松下来,深入内在,聆听自己,清晰自己的看法。它会带人们离开限制性的、非此即彼的思维循环,离开评判和局限。这样,人们就会开始关注自己的深层次思考,发现创造性的想法,燃起学习和灵感之火。

开放式问题展示了对人的尊重,因为开放式问题带着这样的期待:人们有能力找到自己的答案。常常是只提问问题,学生就能自己慢慢找到答案,任何一个问题常常是提问到100个问题的时候,就不再是问题了。也许你会觉得这样有些慢,但对于教育,常常是"慢就是快",因为我们教会了学生去思考和解决问题的方法。

1. "了解事实"的强有力问题

①当时发生了什么?
②你最重要的出发点是什么?
③你的反应是什么?
④你认为是什么导致的?
⑤到现在为止,你试过哪些方法?

2. "探询期望"的强有力问题

①什么是你理想的状况?
②最好的情况是什么?
③最差会怎样?
④如果你的梦想成真,那会是怎样的?
⑤让你很有成就感的是什么?
⑥如果你达成了这个,你会怎么样?
⑦对你的意义是什么?

3. "挤牙膏式"的强有力问题

①你刚刚提到得很好,还有别的吗?

②接下来呢？

③你还可以从其他哪些角度来想？

④还会有的一个可能性是什么？

⑤你还有哪些选择？

⑥你能告诉我更多吗？

⑦还有什么？

4. "选择与可能"的强有力问题

①还有哪些可能性？

②如果让你再做一遍，你会怎么做？

③什么是可能的解决方案？

④如果你这样做，会发生什么？但如果不这样做呢？

⑤你还能创造哪些想法？

⑥这里有什么机会？什么挑战？

⑦这如何运用到你的计划/生活/工作中？

5. "计划与行动"的强有力问题

①现在，你脑海里的图画是什么？

②实现这幅图景，你所需要的资源是什么？

③你现有的资源有哪些？

④你需要创造一个怎样的计划？

⑤你设想该如何改善这一情况？

⑥你怎么知道这样会有效呢？

⑦那会给你带来什么？

⑧这样会走向何方？

⑨成功的概率有多大？

⑩你会做些什么来达到目的？

　要完成这个计划你需要哪些支持？

　行动方案是什么？

　你会采取哪些行动？然后呢？

6. "学习启发"的强有力问题

①你会怎样描述这个过程？

②你的结论是什么？
③你认为这一切的意义是什么？
④到现在，你会如何总结你所付出的努力？
⑤你会从这件事上带走什么？
⑥这件事的教训是什么？
⑦你如何确保自己记得你现在的所学？

（二）成果框架

"成果导向"（achievement orientation）是指教师对学生学有所成的引导。根据塔尔科特·帕森斯（Talcott Parsons）"模式变项"中的"成就对归因"这一价值导向，一个高水平的教师，常能根据学生的实际能力加以引导，如给予合适的社会期望、恰当的鼓励，激发其成就动机，砥砺其奋斗意志。而学生则可有极好的表现，成为未来社会的优秀人才。在这种过程中，教师是影响这类学生自我发展及有所成就的"重要他人"。

"框架"是一个框子，指其约束性；也是一个架子，指其支撑性。它是一个基本概念的结构，用于去解决或者处理复杂的问题。

课程思政中的"成果框架"，是指要将问题变成成果，在解决学生思政问题的过程中，应该遵循的原则及支持我们获得成果的关键因素（图4-1）。

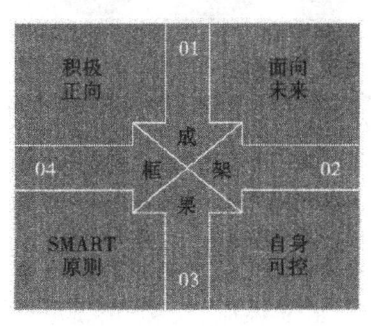

图4-1 成果框架示意图

1. 积极正向

在解决思政问题过程中，师生的对话应该是积极正向的，明确指向学生想要的，而非不想要的，这是非常重要的一环，人的大脑喜欢正向的语句。

2. 面向未来

无论是学生的心理问题还是学生的行为问题，尽量不要纠缠于过去，一定要面向未来，要从过去的悲伤、过去的阴影、过去的矛盾、过去的错误、过去的失败中走出来，关注未来要做什么。

3. 自身可控

这世界上的事情基本可以说有三种，我的事、别人的事、老天的事。思想工作是要通过教师的支持，让每个学生为自己负责任，要聚焦在"我的事"上，这是可控的部分，对于不可控的要和学生协商暂时放下，先看看自身可控的事如何做。其实不只是学生，教师也常常抱怨外界环境，其实这样的思维会非常低效。"行有不得"，首先应该"反求诸己"。

4. SMART 原则

SMART 原则是指解决问题要实现的目标，目标应该符合五方面的要求（图 4-2）。

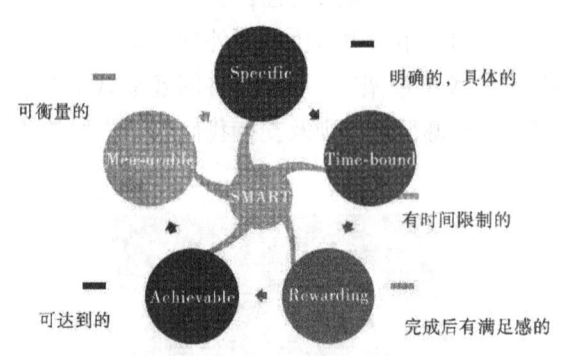

S：Specific，明确的，具体的。
M：Measurable，可衡量的。
A：Achievable，可达到的。
R：Rewarding，完成后有满足感的。
T：Time-bound，有时间限制的。

图 4-2　SMART 原则示意图

(三) 黄金圈法则

黄金圈法则是营销专家西蒙·斯涅克（Simon Sinek）提出的，核心是对任何事情，从内向外进行提问，而不是剥洋葱式地从外向内。

通过首先问"为什么"，透视事物的本质及原因；通过"如何做"，构建事情解决的逻辑体系，找到实现的渠道通路；最后通过"做什么"，构建纷繁复杂的业务枝蔓体系。

对个人来说，也是就首先了解清楚一件事情的缘由与目的，再想行动路线与具体落地执行（图4-3）。

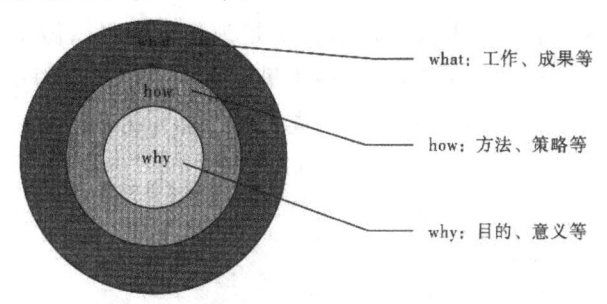

图4-3　Simon Sneek 的黄金圈法则

人们的思维可分为这样三个层次：what、how、why。"what"是是什么或干什么；"how"是做事的方法，特别是有效、高效的方法；"why"是为什么要去做，特别是它的价值和意义。

任何一件事，只有先拥有了明确的价值观，明白了"为什么"，才会知道如何更好地怎么做，才能真正知道所需要的"是什么"。能够这样思考，并带领别人的，就是真正的"领导者"。

我们可能都听过这样一句话："不要用你战术上的勤奋，来掩盖你战略上的懒惰。"用黄金圈法则来理解这句话，其实就是你要先弄清楚为什么要做一件事情，做与不做，可以看作是战略层面的问题，而如何来做，则属于战术层面的问题。不妨用一张矩阵图来重新理解这句话（图4-4）。

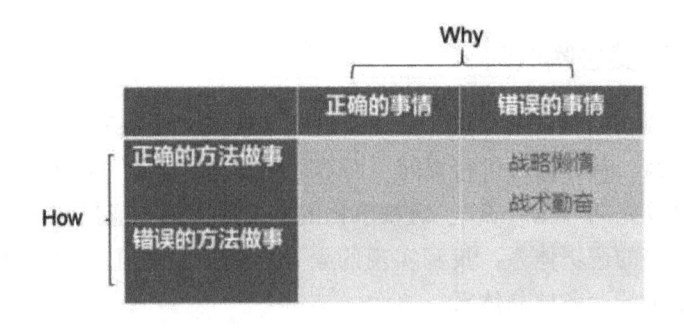

图 4-4　战术层面图

所谓战略懒惰，意思就是没有搞清楚为什么要做，做了不正确的事情，甚至是犯了方向性的错误。而战术勤奋，意思是即便用正确的方式做事，也不会产生复利，甚至是越努力离目标越远（图 4-5）。

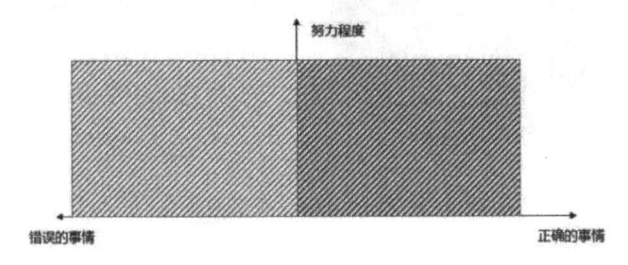

图 4-5　战术层面图

套用《麦肯锡思维》的一句话就是："做正确的事比正确地做事更重要。"[1] 做正确的事，意味着先确定正确的方向和目标，是战略层面的问题，而正确地做事，意味着用正确的方式来实现正确的方向和目标，是执行层面的问题（图 4-6）。

---

[1]　洛威茨，RobKoplowitz. 麦肯锡思维［M］. 北京：企业管理出版社，2015.

	正确的事情	错误的事情
正确的方法做事	做正确的事 正确的做事	
错误的方法做事		

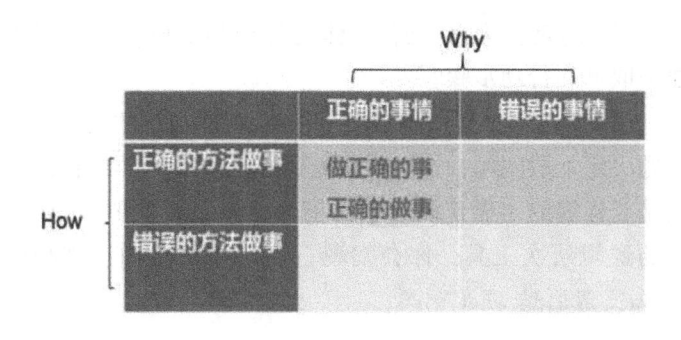

Why 对应上方列,How 对应左侧行

图 4-6　战术层面图

所以,在做一件事情前,你要先思考为什么要做,是正确的事情吗,如果得到肯定的答案,你再思考什么才是正确的方法来做正确的事情,最后是具体做了什么,使结果与预期的目标相符合。

黄金圈法则先思考为什么,再思考如何做,最后结果是什么。这种从战略层面到执行层面的思考方式,是一种符合逻辑层次的思考方式。

爱利克·H. 埃里克森(Etik H. Erikson)教练工具中介绍了一个逻辑层次模式的对话工具(图 4-7)。

图 4-7　逻辑层次图

这个逻辑层次模式,是教练对话的工具,是教练用来与教练对象进行沟通的逻辑层次框架。在这个自上而下的逻辑层次模式中,你会发现它的逻辑顺序也是按照先 why,再 how,然后是 what 的顺序。

why,探讨的是人价值观的问题,为什么要做这件事?为什么这个真的很重要?

how,探讨的是你具备的能力,你能够做的事。如何来做事?如何用正确的方法做事?

what，探讨的是行为/行动，具体的行动和反应。你有哪些具体的行动？需要采取哪些行动步骤？

而且，只有通过改变上一层次，下一层次的问题才能得到改变，也就是上层问题决定下层问题，这与前面提到的先战略，再战术是相一致的。

不论是麦肯锡的"做正确的事比正确地做事更重要"，还是埃里克森教练对话的逻辑层次工具，你会发现它们都与黄金圈法则相似，都是先why，再how，最后是what。

（四）贝克哈德变革公式

理查德·贝克哈德（Richard Beckhard）是20世纪50年代至20世纪60年代组织发展领域的创立者。他与戴维·格雷彻（David Graycher）一起提出描述组织变革条件的变革公式。本书对这个公式稍加简化，用在个人转变上，就可以作为我们课程思政与学生辅导的一个重要工具。

$$D \times V \times FS > 0$$

这个公式说明一个人要发生改变，需包括三个必要因素。

D—dissatisfaction：代表对当前状况的不满。（为了扩展这个公式，也可以把它看作是当前状态和渴望状态间的差距，或者渴望的未知状态；或者是对内心渴望改变的觉知。）

V—vision：代表对未来愿景的期望，也就是可能性。（也可以将V看作是自己愿景的价值基础。）

FS—First Step：代表迈向愿景的积极的第一步和采取行动的意愿。

用改变公式促进个人的转变，就是要三个因素一定要大于零。因为，不管其他数值多高，基本的数学原理是 $X \times 0 = 0$。所以，任何一个因素D，V，FS等于零或接近零，就不可能有行动或维系改变的可能。只有三个变量在一起非常强大时，变量才会最大。如果在改变时遇到困难，首先要做的就是查看一下哪个因素数值太低。

下面是你克服改变阻力要培养的能力：

①对现状的不满，真实的要求和改变现状的决心。

②清晰的、无法抗拒的、以自己核心价值观为基础的改变后的愿景。

③愿意迈出明确、可行的第一步。

(五) 假如框架

1. 什么是"假如"框架

"假如"框架表现为用问题的形式来体验各项选择可能，从而建立正向的视觉化系统，辅助抉择。"假如"框架有时又被称为"假设/好像/as if/what if"框架。

简单来说，"假如"框架就是类似这样的问题：设想/假设/假如你要做/如果/会怎么样？

"假如"框架是没办法穷尽的，人类的想象力无穷无尽，我们只能总结出一部分"假如"框架的表现。

使用"假如"框架就意味着我们接受了以下隐含的前提假设：

①事情具有多种可能性。

②我们有能力通过评估、检验和对比的方式进行选择。

③我们有能力确定最佳选择的标准，并做选择。

在进行想象化的视觉体验时，我们对事件的内在印象感知开始发展和变化，并且我们创造性参与的能力也同时变化。我们头脑中的视觉图像可能变得更明亮，更多彩，或以其他的方式变化，这些都有助于我们的未来选择。

事实上，不管你有没有觉察，我们在学习、生活和工作中在大量使用"假如"框架，这是身为万物之灵的人类的一项莫大优势，只不过我们现在是要建立有意识而去使用的能力，这可以说是人类的一个天赋。

2. "假如"框架使用两步法

第一步，建立框架：使用下面的导入语或短句。

①假设……

②如果……

③假如你准备……

④你能做得就像……

⑤假装我要……

⑥假如……会怎样

第二步，决定需要改变的类型。

①时间改变：如果沿着这条路走 6 个月……

②个人改变：如果你是我，就会……

③功能改变：假如你能够改变操作的任何部分……

④信息改变：假如我们知道那个消息……

⑤重现：从未来回头看……

3. "假如"框架的八种提问方向

（1）时间改变

一个很好的例子就是使用短语"假定……"。

（2）价值观和价值观词汇

"假如"模式提供了一个很好的方法来检测个人的价值观和价值观词汇。请直接要求对方从未来的观点来想象他们获得利益的情景。他们会如何描述？

例如：对于你自己坚持原则这件事情，你自己的感受是什么？

（3）观点转换

"假如"框架从多种不同的角度提供了信息。可以用此模式通过改变认知方位的方法来感受另一个人的观点。

想要获得在某方面的技能，你可以利用个人角度的转换，以在此方面出类拔萃者的眼光来观察事物。设想自己成为那个人，在观察这种处境并提出自由的建议。

使用这种转换方位技术可以使一个人易于了解别人的观点。其要领就是在片刻时间内把自己当成别人，来观察你的反应。

例如：要是你变成了你最崇拜的偶像，你认为"他"会怎么想？

（4）系统思考：探索系统

如果你能够在任何系统、家庭、企业和政府中探索多种不同的功能，形成一种包含"更大系统"观点的总的看法，你觉得怎么样？你能够从多种方位对系统进行视觉化或重新视觉化。你可以区分系统的规模，这样你就会惊讶于"更大的系统"并且可以对其进行视觉化。

你也可以从其他未来的视角来观察"更大的系统"。例如：你可以从五年之后某个特定系统的角度进行观察。这意味着你能够在那个点上检查系统内的生态平衡。潜意识能够生成精细调整的未来影像。

（5）收集信息

当知道我们已经获取了所有的必要数据后，我们向前迈进时往往就会十分清醒，因为我们让自己进行了必要的总结。"假如"框架为人们提供了唤醒潜意识中某种事情的机会，使可能被忽略的重要的信息得以发现。

例如：你是想找到原因是吗？找到这个的原因对你意味着什么？

（6）放大结果：放大解决方案

来检验一下可能性。

例如：假如你每天坚持写作 500 字以上，你坚持半年（9 万字），一年后（18 万字）的情景会是怎样？如果能整合成一本 10 万字的书，是你想要的吗？

（7）建立合约：目标确定策略

如果对方不知道自己想要什么，就让对方向前继续（就像在 15 分钟或 5 年以后那样去行动，观察会发生什么，倾听有什么事情发生，找到那种已经得到你所希望的结果的感觉）。对"未来思维"的形成来说，运用"假如"是一种容易掌握并能够产生结果的技能。

例如：为了让你感到有效地使用了时间，我们在这次会面中需要完成什么？

（8）奇迹式问题/按钮式问题

奇迹式问题是有魔力的问题！经常会让人们说出他们的梦想。他们敢于说出或许他们自己也刚开始探索的目标。

例如：假定你拥有某种魔力能够选择合适自己的事情？你将从哪儿开始改变你的生活？

（六）刻度尺

在与学生沟通交流中，我们经常会遇到一些这类的问题，比如：
①我希望团队的执行力更强。
②我想拥有一个好身材。
③我希望自己的大学过得更有意义些。
④我希望我们班级更有凝聚力。

仔细观察这些问题，它们都具有一定的模糊性，其模糊点在于：无法定义目标的程度，这也就难以获得最终的成果。更强的执行力是什么？什么样算是好身材？怎样才算大学过得更有意义？班级做到什么样才会更有凝聚力？如此，问题将不了了之，常常成为一个愿望或口号，无法落地进而成为能够付诸行动的目标。那么我们该如何做呢？有一个很好用的工具叫"刻度尺"。

刻度尺就是："用0—10，打个分，会是几分？"这是一个能将感受、态度、状态、进展、动机与想法等抽象概念转变成具体的、形象的方式加以描述，能将模糊的事情清晰化，最终激发行动能量的一个工具。

工具使用时大家一定发现看似"模糊"的问题，经过"刻度尺"提问后，真正地清晰起来，并逐渐找到了解决的思路。最后，我们再梳理一下，"刻度尺"工具有以下功能。

①可使问题描述具体化，行为行动化。
②可用来作为指导进展的指标，从中比较出不一样的变化。
③刻度尺提问可以帮助界定问题及要达成的成果。
④刻度尺提问可以协助学生用直觉来表达他们对过去的观察，并通过评估和测量来预测未来的可能性。
⑤刻度尺提问可以用来了解学生对任何事的知觉。包括自尊、自信、愿意为改变投入的行动、对期待的改变愿意辛苦工作的程度、问题解决的优先级、进展的评价等。

（七）逻辑层次图

在这个世界上，人与人之间最大的差距，往往在思维层次上。这里介绍的工具叫"逻辑层次图"。在现实生活中，我们常常会陷入一种人生无解的怪圈中。有人很穷，然后节衣缩食，结果却依然入不敷出；有人工作很多，然后天天加班，结果发展依然不好。我们会很无奈地发现，自己努力做出的改变，却并没有得到预期的结果。很多人都容易陷入思维的瓶颈，不确定自己的努力是不是有效，不知道自己的改变能不能持续，至于短暂利益和长远考量之间的取舍，更是无从抉择。整个状态就是困惑、纠结和迷惘，从而当下的难题也自然成了一团迷雾，无法看清楚其中的关键。我们脑子里可能存在着各种声音、想法、评判，而外界成千上万的信息也在不断地涌入大脑。所以有时候我们会下决心做出一些选择、行动，但过不了多久，又会因为内心的无序、精神上的变化而半途而废。不过，尽管思维有其复杂性，但是当我们的大脑在思考和决策的时候，还是有其不同的逻辑层次（图4-8）。

图 4-8　逻辑层次图

逻辑层次理论包括六个层次：

①愿景：你人生的意义是什么？

②身份：你想要成为什么样的人，你需要成为什么样的人才能实现你的人生意义？

③价值观：为什么这对你这么重要，为什么成为那样的人那么重要？这对你有什么价值？

④能力：你如何达成？你有哪些能力可以成为你期待的人？

⑤行为：采取哪些行动是最重要的？需要哪些行动？最终采取什么行动？

⑥环境：你何时开始行动，你会在哪里行动？

在这个逻辑层次图中，"环境、行为、能力"，我们称之为"下三层"，也就是实务层，它强调在什么样的环境下开始行动，采取哪些行动，具备什么能力才能完成行动。

"价值观、身份、愿景"，我们称之为"上三层"。它们的作用是激发内在动力，通常会关注这件事为什么对你这么重要、做这件事的人为什么是你而不是别人，你想要的未来愿景是什么样的。爱因斯坦曾说：这个思维层次的问题，很难靠这个层次的思考来解决。所以，只有把"上三层"走好，才能真正在"下三层"有作为，并且真正产生持续不断的行动和改变。

对于做学徒制试点可以用这个工具来分析；对于课程思政工作可以

用；对于一个组织、一个团队可以用。

当一个问题出现后，不同的人对该问题的认知是不同的，有的人会认为问题出在行动方案上，有的人会认为问题出在能力不足上，还有的人会把问题归结为环境因素的影响。之所以不同的人看法不同，是因为每个人的思维定式不一样，由此也带来解决问题思路的不同。你的思维定式是哪一种？我们可以通过以下问题来了解一下。

面对学生想退学创业的问题，我们把它拆分成六个选项，最开始的时候，你会特别关注哪一个选项？

A：我觉得自己天生就不是读书的料。

B：期末考试很多题目都答不上来。

C：我高中不少同学都没上大学，都去做生意去了。

D：我觉得去创业会更有价值。

E：我决定退学去创业。

F：有可能成为第二个比尔·盖茨。

上面六个选项，代表了问题所处的六个逻辑层次，你潜意识里优先关注哪个问题，你的思维定式可能就会处在哪个层次上，在日常处理问题时，你往往也会从该层次入手去想办法、谋思路。这些逻辑层次的具体内涵是什么呢？我们可以结合选项来解释。

A选项代表的逻辑层次是"身份"，该层次关系到个体对自己角色和使命的定位，是回答"我是谁"的问题，在逻辑层次中处于第五层，这是比较靠上的层次。在六个选项中选择了该选项，暗示你喜欢从"身份"层次的角度来看待问题，也喜欢从"身份"层次来谋划解决方案。思维定式在这个层次，通常需要很好的大局观和领导力，日常生活中如果你在处理问题时觉得得心应手的话，说明你的大局观和领导力会比较强。

B选项代表的逻辑层次是"能力"，该层次处于逻辑层次的第三层，是表征成功执行行动计划所需要具备的技能和素养。当你的潜意识处于该层次时，对一个问题的看法，通常会聚焦在确保行动成功所需要的条件保障和策略的优劣分析上。思维定式在该层次的人，一般会为问题的解决制订多条行动路线，并随时根据条件的变化修改行动计划。具体到该案例，既然关注到学生认为自己学习能力不足，自然的反应就是如何破解这个难题。

C选项代表的逻辑层次是"环境",在逻辑层次划分中处于第一层,即最底层,通常分析问题和解决问题不能脱离环境因素的影响,特定的环境通常会支持或妨碍行动计划的进程,处理问题时,如果没有充分考虑环境因素,解决方案很可能会因"水土不服而夭折"。同样的行动和方案,别人做起来很容易,成功的概率很大,怎么到自己这里就这么难?这时你就要考虑是不是环境因素在作祟,而你却没有给予足够的重视和化解。"我高中不少同学都没上大学,都去做生意去了。"表明这个学生的行为受环境影响很大。

D选项代表的逻辑层次是"价值观",该层次关系到个体对自己、他人和周围世界的基本认知和价值判断,关系到个体做事的动机,本例中"我觉得去创业会更有价值",认为自己在学习上不可能有突破。这种认知,在逻辑层次中处于第四层。不同的价值观往往会带来不同的做事风格和行为习惯。生活中,有些事情,打死你也不会干,就是因为价值观在起作用,有句话叫"物以类聚,人以群分",其中"群分"的一个标准就是价值观不同。

E选项代表的逻辑层次是"行为",是指身体力行的具体活动,是为了完成某件事情你做了什么,该层次在逻辑模型中处于第二层。行为因素主要是回答做什么和怎么做的问题,在表现上是外显的,别人可以通过具体活动轨迹来判断个体对事情的态度和情感,这个学生想通过退学创业的举动来实现自己的人生目标。在学生看来,这是一个改变其身份的具体行为;但在其父母看来,行动成功的可行性太小,很大的可能是孩子不敢正视现实所采取的一种逃避政策。

F选项代表的逻辑层次是"愿景",是指个体跳出具体的行动范围,在更大的视域或空间中定位自己的角色、看待自己的处境。该层次在逻辑模型中处于第六层,也是层次模型划分的最高层。"成为比尔·盖茨"是这个学生的愿景。一般说来,有愿景总比没愿景好,但是愿景的设定不能是镜中月、水中花,要具有可行性。思维定式关注愿景的人,通常都具有大的胸怀,都是从宏观或总体上来看问题、提建议,有时你会觉得他们的意见或建议可能比较虚,操作性不强,但是在某些需要开拓思维的场合,这种思维定式还是很有优势的。

根据你的选择,对照逻辑层次模型的解释,大致可判断自己的思维定式处在哪个层次。层次模型理论告诉我们，当个体的思维定式处于哪个层次，个体通常就会从哪个层次来看待问题和解决问题，并且有很大的概率让个体把所有的思考和精力都放在该层次，对其他层次的问题视而不见。也就是说，你的思维定式会引导你看问题的视角，决定你看问题的切入点，影响你对问题的判断，指引你对策略的选择，限制你从其他层次突破，形成你解决问题的习惯。

这六个逻辑层次之间的关系又是怎么样的呢？

逻辑层次理论表明，这六个逻辑层次之间总体上存在着高层决定低层的关系。层次越高，对低层的影响就越大，而低层次对高层次的影响和决定力量则较小。逻辑层次模型的最低两层是"环境"和"行为"，这两层处于低层，关注的重点是"事"，主要考虑做事情时，个体是处于一个什么样的周围环境，环境对行动路线制订和实施的影响因素有哪些，以及在此情况下应该采取什么样的最优行动计划。当关注点在这两个层次时，个体经常会对周围的环境很敏感，对行动和计划之间出现的偏离很焦虑；当出现问题时，也很容易把原因归结到这两方面，总是觉得如果环境再好一点，行动中的哪一个动作做得再规范一点，可能事情就成功了，很少有人从更高的层次来看待问题的，个体给人的印象常常是在细节上斤斤计较、埋怨环境恶劣、运气不佳等。

在上面的案例中，这个学生的决定受环境影响很大，"我高中不少同学都没上大学，都去做生意去了""我决定退学去创业"，显而易见是一个具体的行为。当我们把关注的重点放在"环境"和"行为"这两个层次时，解决问题的办法自然也就会陷于其中，解决的策略无非也就是让他接触更多校内的优秀学生，以及劝说他不要退学去创业。可即使你有办法让他接触更多校内的优秀学生，也让他不去创业了，问题就能解决了吗？他因此就能安心学习了吗？我看不见得。

逻辑层次模型居中上层的"身份""价值观""能力"三层，关注的重点是"人"，主要考虑个体在群体中以什么身份出现、做事之道是什么，以及做事的能力如何。低层的"行为"和"环境"也会随着上层的不同而不同，如果"环境"不允许你这么做，思维定式在低层的，很可能就会放弃，还美其名曰顺势而为；而思维定式处于高处的，很大的可能他会去改变环境，或者不会把环境的因素看得很重，也不会因环境因素而改变自己的身份特征。

逻辑层次模型中居于最高层次的是"愿景",通常它会以比个人身份更高的视角来看待问题,例如他会从家庭、社会、信仰的高度来看待自己的身份问题,做事通常注重要符合自己的价值观,在此基础上来考虑环境影响、谋划实施方案、提高执行力。

经过与这个学生沟通,感觉他的思维定式是处于逻辑层次的最底层——"环境"这个层次的,其他层次都是基于此而形成的。问题的关键是影响他的环境是高中时的那个环境,他并没有全身心地投入到大学这个环境中,他对"大学生"并没有身份认同,认同的是"创业者""生意人",这样的身份决定了他的愿景、价值观、能力和行为,与现有"大学生"的身份出现冲突。在这样的情况下,如果劝他继续读书,即使留下也难有很好的效果。最终经过沟通,让他先休学一年,回到他身份认同的那个环境中,让实践去检验他目前的愿景、价值观、能力、行为是否真的符合"创业者""生意人"这个身份。如果是,一年后可办退学手续并继续这个身份;如果不是,复学回到学校,重拾"大学生"这个身份。

(八) 情绪 ABC 理论

ABC 理论(又称情绪 ABC 理论)是由美国心理学家阿尔伯特·埃利斯(Albert Ellis)创建的理论。该理论认为激发事件 A(activating event 的第一个英文字母)只是引发情绪和行为后果 C(consequence 的第一个英文字母)的间接原因,而引起 C 的直接原因则是个体对激发事件 A 的认知和评价而产生的信念 B(belief 的第一个英文字母)。

情绪与身体感官会发生互动反应,同样,情绪与思维也会发生互动反应。通常我们可以看到事件 A 和反应 C,但是却觉察不到潜在的信念或解释(B)。我们会认为是情境本身引起了情绪反应,但事实上,我们对情境的信念及解释才是真正诱发情绪的原因(图4-9)。

图 4-9 情绪管理 ABC 示意图

依据 ABC 理论，分析日常生活中的一些具体情况，我们不难发现人的不合理观念常常具有以下三个特征。

1. 要求

是指人们常常以自己的意愿为出发点，认为某事物必定发生或不发生的想法。它常常表现为将"希望""想要"等绝对化为"必须""应该"或"一定要"等。例如，"我必须成功""别人必须对我好"等。这种绝对化的要求之所以不合理，是因为每一客观事物都有其自身的发展规律，不可能以个人的意志为转移。对于某个人来说，他不可能在每一件事上都获成功，他周围的人或事物的表现及发展也不会依他的意愿来改变。因此，当某些事物的发展与其对事物的绝对化要求相悖时，他就会感到难以接受和适应，从而极易陷入情绪困扰之中。

2. 评价

这是一种以偏概全的不合理的思维方式的表现，它常常把"有时""某些"过分概括化为"总是""所有"等。它具体体现于人们对自己或他人的不合理评价上，典型特征是以某一件或某几件事来评价自身或他人的整体价值。例如，有些人遭受一些失败后，就会认为自己"一无是处、毫无价值"，这种片面的自我否定往往导致自卑自弃、自罪自责等不良情绪。而这种评价一旦指向他人，就会变成一味地指责别人，产生怨愤、敌意等消极情绪。我们应该认识到，"金无足赤，人无完人"，每个人都有犯错误的可能性。

3. 结果

这种观念认为如果一件不好的事情发生，那将是非常可怕和糟糕的。例如，"我没考上大学，一切都完了""我没当上处长，不会有前途了"。这种想法是非理性的，因为对任何一件事情来说，都会有比之更坏的情况发生，所以没有一件事情可被定义为糟糕至极。但如果一个人坚持这种"糟糕"观时，那么当他遇到他所谓的百分之百糟糕的事时，他就会陷入不良的情绪体验之中，导致一蹶不振。

因此，在日常生活和工作中，当遭遇各种失败和挫折，要想避免情绪失调，就应多检查一下自己的大脑，看是否存在一些"绝对化要求""过分概括化"和"糟糕至极"等不合理想法，如有，就要有意识地用合理观念取而代之。

（九）语言负转正

我们将语言大体分为两种，一种叫"正向语言"、一种叫"负向语言"。

1. 正向语言往往具有以下特征

①正向语言可以带来正能量，赋能自己，赋能他人。
②正向语言模式的形成与其生长、教育、工作的环境密切相关。
③正向语言有利于成长、成功、发展、快乐、和谐、幸福，等。
④通过对正向语言的反复觉察、修炼，形成积极健康的心智模式。

2. 负向语言往往具有以下特征

①不用任何努力，负向想法会自动闯入你的脑海里。
②人们很容易相信负向想法，并表达出来使之成为负向语言。
③负向语言不利于成长、成功、发展、快乐、和谐、幸福，等等。
④负向语言往往是不真实的，你又很难阻止它。

"语言负转正"：就是通过转换视角、心态、思维，将负向语言有意识地转向正向语言，让正向语言更多地赋能我们的学习、工作和生活。

（十）时间管理矩阵图

常常听到有学生或教师说：学习、工作任务太多了，时间不够用，每天工作干不完，而且一天从早忙到晚却常常不知忙了些什么。此时，你需要问自己的是：我每天是否做了对一生都很重要的事？有人会说：身在职场，身不由己。如果你不想换工作又改变不了环境，也改变不了他人，那能做的就是改变自己。

1. 工具解读

新一代的时间管理理论，把时间按其紧迫性和重要性分成四类，形成时间管理的优先矩阵。

紧迫性是指必须立即处理的事情，不能拖延。

重要性与目标是息息相关的。有利于实现目标的事物都是重要的，越有利于实现核心目标，就越重要。

有些事情紧迫又重要，如有限期压力的计划；

可能有些事情是紧迫但不重要，如有不速之客，或者某些电话；

有些事重要，但是不紧迫，如学习新技能、建立人际关系、保持身体健康等。

当然有很多事情不重要，又不紧迫，如琐碎的杂事，无聊的谈话等。不同类的事情要如何去安排，时间如何加以调整，加以运用，这些事情让你去做一个什么样的人，有四种可以参考。

压力人（Ⅰ），认为每样事情都很重要，很紧迫。我们应该做的是有条有理地完成工作，应该学习投资时间，去做一个从容不迫的人（Ⅱ）。千万不要去做那种很紧急，但不重要的，那种叫作没有用的人（Ⅲ），总在应付一些杂事，做不重要又不紧迫的事的人称之为懒人（Ⅳ）。注重哪一类事物，你就成为哪一类人（图4-10）。

	紧急	不紧急
重要	Ⅰ 1. 危机 2. 需马上解决的问题 3. 有限期的任务、工作等 4. 准备事项等	Ⅱ 1. 准备事项 2. 预防工作 3. 价值观的澄清 4. 计划 5. 关系的建立 6. 真正的休闲充电 7. 自主管理
不重要	Ⅲ 1. 外界干扰 2. 一些无关紧要的活动 3. 许多突发的事件 4. 许多凑热闹的事情	Ⅳ 1. 细琐、忙碌的事情 2. 一些不重要电话 3. 浪费时间的事 4. 无关紧要的信息 5. 看太多的手机等

图4-10 时间管理矩阵图

请思考：你每天花在第几象限的时间最多？你认为成功人士的时间花费如何分布呢？

第一种情况：

如果你偏于第一象限，结果很有可能是：

第四章　高校课程思政教育的发展与创新

①压力。
②筋疲力尽。
③危机处理。
④忙于收拾残局。

第二种情况：

如果你偏于第三象限，结果很有可能是：

①短视近利。
②危机处理。
③轻视目标与计划。
④缺乏自制力，怪罪他人。
⑤人际关系浮泛，甚至破裂。

第三种情况：

如果你偏于第四象限，结果很有可能是：

①完全无责任感。
②浑浑噩噩，工作难保。
③依赖他人为生。

2. 四个象限的 4D 原则

面对不同象限的事情，我们应该如何去做呢？（图 4-11）

	紧急	不紧急
重要	I 立即做	II 稍后做
不重要	III 少做	IV 不做

图 4-11　时间管理 4D 图

此刻，你有什么觉察吗？真的是工作中有那么多又重要又紧急的事情吗？比如，学校 1 号通知本月 10 号交授课计划，你一直不做，等到 9 号再去写，那天突然有了其他又重要又紧急的事情，那时你是否开始焦虑？反思一下，我们日常工作和生活中是否经常将原本重要不紧急的事情，拖成了又重要又紧急的事情，最后时间不够用，就疲于应付。

再比如教师培训，如果一直不做，教师在教学中出了大的问题就成了重要又紧急的事情了；或者不断有重要的项目下来，找不到可以担当胜任的教师来做，就也成了又重要又紧急的事情了吧？

这类重要不紧急的事情很多，有哪些是因我们自己拖着一直不做，最后变成了重要又紧急的，最终让你焦头烂额呢？时间管理矩阵图这个工具是否可以帮助你重新规划自己的工作和生活？

3. 问题思考

①你的第四象限有哪些事情可否不做？或可以减少哪些？或减少时间的投入？算算这样每天可以节省多少时间？

②第三象限的事情有哪些可以减少？或减少时间的投入？减少第四、第三象限的事情，会省多少时间呢？节省下来的时间用在第二象限上，可以增加的事情会有哪些？

③第一象限的事情经常会很多吗？有哪些是因为第二象限上的事情拖着不做，或没有足够的时间去做，就会因为自己的原因转成第一象限的事情的？

④现在把第四象限的事情不做或减少，节省下来的时间用于第二象限后，会否减少你第一象限的任务，让你的学习和生活变得更加从容有序？

⑤试想一下：你若能坚持上边的行动，3年后你会是一个什么样的人呢？会否与现在有很大的不同？你愿意成为那样的人吗？若愿意现在就开始行动好吗？

⑥你愿意采取的第一步行动会是什么呢？你愿意每天坚持下去吗？你行动的承诺度有多高？如果按1—10计分，你会给自己的承诺打多少分呢？

（十一）查理·J. 佩勒林（Charles J. Pellerin）AMBR 焦点管理

查理·佩勒林的 AMBR 焦点管理是一个自我赋能、团队赋能的工具，是一个自我修炼的工具，使用简单，却意义深远（图4-12）。

第四章　高校课程思政教育的发展与创新

```
4D核心流程              02                    04
AMBR焦点管理        Mindset 心态           Result 结果

关              力
注              量                                    向前看！
所              所                                    向内转！
在              向
                    01              03
              Attention 关注    Behavior 行动
```

图4-12　AMBR焦点管理示意图

A——Attention/注意力

东方人讲"心想事成，念念不忘，必有回响"，只要信念一直在，就总有被回应的一天。

西方人讲吸引力法则，指思想集中在某一领域的时候，跟这个领域相关的人、事、物就会被它吸引而来。

虽侧重点不同，但都反映了同一个核心：关注所在，能量所向。

它提醒我们，在一定的时间之内，找到自己真正想要的，然后聚焦精力，先做好这一件事情。

M——Mentality/心态

世界是我们的一面镜子。我们每一个人所看到的，都是透过我们自己的主观意识所塑造的感官世界，不存在绝对的真实和客观。所以，我们每一个人的心智模式和信念系统都是完全不同的。

当我们关注的焦点不同，必然会引发我们的思维模式和情绪反应随之发生改变。所以，当我们把焦点放在"解决"上，而不是"问题"上时，我们的心智模式就会变得更加正向和积极，我们的情绪感受和思想观念也会随之发生积极地变化。

B——Behavior 行为

心智影响行为，当我们的心态发生改变的时候，行为也会随之改变。

如果我们能够将有效行为转化为习惯，必将对事情的结果产性巨大的影响。

R——Result/结果

131

关注点和心态的改变促成了行为的改变,而行为又带来了不同的结果,根据结果的反馈又将影响下一个持续关注的焦点是什么,从而形成一个正向的系统。从个人到组织,到团队,乃至国家层面,AMBR 的思想体现实随处可见。

"关注所向,力量所在"。AMBR 工具首先是让我们解决关注的焦点问题,而不同的视角常常会产生不同的心态、行动和结果。如果看问题的视角只有一种,即"从自己出发的视角",我们看到的世界就会过于局限,要么是陷在情绪里,停留在当下的感受里难以自拔;要么是无法看清自己的真实渴望,永远被当下欲望所牵引。在思考和看待问题的时候,愿意采用多元视角的人,往往比那些只从自己视角出发的人更能获得成功。

不同的关注出发点,会让我们看见不一样的可能性。放到学生的生活与学习中,也是一样的:当有同学提出与自己观点或方案不同的意见时,如果我们关注的出发点在于"要证明自己是对的",我们的思维模式马上就会启动自己的思维防御,更深入地钻进自己的套路里去解释,并可能因此导致误解加深。但如果我们的关注出发点在于"希望方案能够更适应环境需要,更能达到预期效果",我们可能会意识到这是我们发现其他观点的可能机会,听一下也许有新的信息,进而有机会带来方案的更趋完善。

AMBR 是一套闭环体系,如果结果好,那就继续强化之前的关注点保持我们的心态和行为;如果结果不好,那就要思考如何改进和改善关注点心态和行为,从而能够去改变和带来新的结果。

(十二) 平衡轮

在人的一生中,无论是工作、学习还是生活,常常会有很多困惑,会思考什么对我是重要的?我想成为一个什么样的人?我最想要的是什么?我的目标是什么?我需要在哪些方面做出改变?这些基本的问题如果没有想清楚,人就容易迷失方向,如浮萍般飘忽不定。回答这些问题,需要理清现状,需要直观地看到与此相关的各因素是什么关系,也需要在纷繁无序的世界里,保持一种平衡的状态。平衡是一种技能,如同溜冰、骑单车都需要掌握平衡一样,人生也是如此。如果我们掌握了平衡的技巧,那么我们的生命将会更加轻松自在。下面介绍一个常用的工具叫"平衡轮"。

1. 工具解读

"平衡轮"就是将一个圆平均分成若干等份(一般分成六等份或八等

份),然后将影响一个问题的相关因素或方面填写在圆中,并用刻度尺的方式进行量化,以帮助自己清晰现状,觉察到平时容易忽略的部分或者是目前的差距,找出希望有所改变的内容,然后制订计划,采取行动。这是一个视觉性很强的工具。

"平衡轮"的概念包含以下三个方面的含义:

①一个目标的实现需要相关方面的支持,就像一个轮子要想转动,需要里面辐条的支撑一样。

②平衡轮就像是一架相机,可以拍摄到当下这个时刻对于影响目标实现的相关方面的真实情况,从而让目标的实现者清晰地了解所处的状态。

③之所以称作"平衡轮",还有个寓意就是高质量的生命状态或目标的达成,需要各个方面平衡发展。

2. 举例说明

如果有人向你咨询关于人生的问题,或者工作(学习)与生活平衡的问题,或者不知道自己想要什么等问题时,你可以用"平衡轮"这个工具,并让他在一张纸上做以下事情。

①什么是对你一生最重要的事情?请填在等份的圆中。(多数人会想到下列内容:健康、财富、爱情、事业、自我实现、友情、爱好、家庭等)(图4-13)。

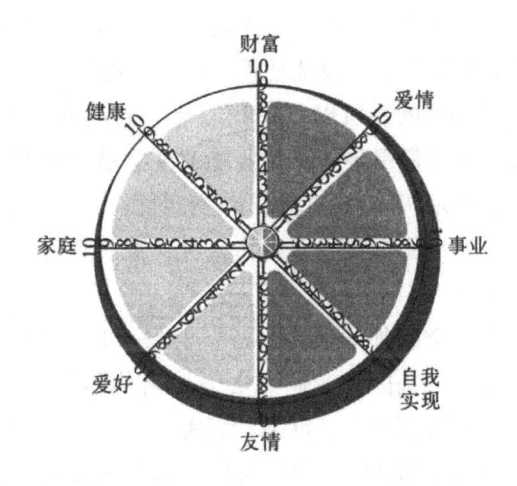

图4-13 人生平衡轮

②目前每一方面的满意度是多少（如果 10 分是满分，你给目前的每一方面打几分）？请在图中标识出各方面的分数，并两两相连，形成一个雷达图。

③你对目前的状况满意吗？如果选一个你最想改变的地方，那是什么？改变这个方面对其他方面会有什么影响，能起到带动和协调发展的作用吗？

平衡论可以让人清楚地看清现状，好处就是直观，让其考虑问题更理性、更全面。需要注意的是，运用平衡轮所展示的一定是其现状；对每一个部分是否满意，满意的程度如何，哪一部分需要改变，这些都依照其标准，必须由他自己做出判断和决策，而不是遵照他人的意愿。

3. 总结归纳

①平衡轮可以运用于很多方面，比如：生命规划、大学生活、工作计划、项目管理、孩子教育等各个方面，我们都可以运用平衡轮去分析。

②平衡轮最大的意义在于将大目标细化，越细小的目标我们越容易完成。用平衡轮将所涉及的一系列要素或者行动计划罗列出来，针对每一要素还可以再用平衡轮去分析。

③平衡是动态的，所以它是过程，而不是目的。因此要从长远的视角来评估平衡，再次使用平衡轮，将结果和之前的数据做对比，看看自己有哪些成长和变化。因此推荐我们在一定时期后再次做，在不断的发展过程中，审视、思考和再调整，这就能使得这样一个经典的工具更有效。

④生命是有机联系的，所以往往我们能看到在众多不满意的因素中，有那么一个或者两个是最重要的，只要能改变它就会对整个平衡轮起到改善的作用。所以分析现状、思考行动计划的时候，建议引导我们在几个不太满意的部分中，思考哪个是可以用作杠杆，通过这方面的努力就有很大的不同。

⑤平衡轮还有一个附加的用途，某些时候可以帮助我们用来做决策。决策困难的窘境，有时是因为我们无法去平衡外界各种干扰因素或资源。利用平衡轮能很好地做到澄清、审视、思考，为下一步的取舍提供决策的依据。比方说，两份工作选哪一个，可以用双轮来驱动。也就是把选择工作最看重的因素在两个轮中标出，给两份工作分别打分，可以非常直观地做出对比与甄别。

（十三）笛卡尔坐标

1. 单一问题"是与否"的决策

如果你的问题是单一的，你举棋不定，不知"是与否"就按图所示去思考、去决策（图4-14）。

①如果你选择了它，会发生什么、会收获什么？
②如果你选择了它，不会发生什么、不会收获什么？
③如果你不选择它，会发生什么、会收获什么？
④如果你不选择它，不会发生什么、不会收获什么？

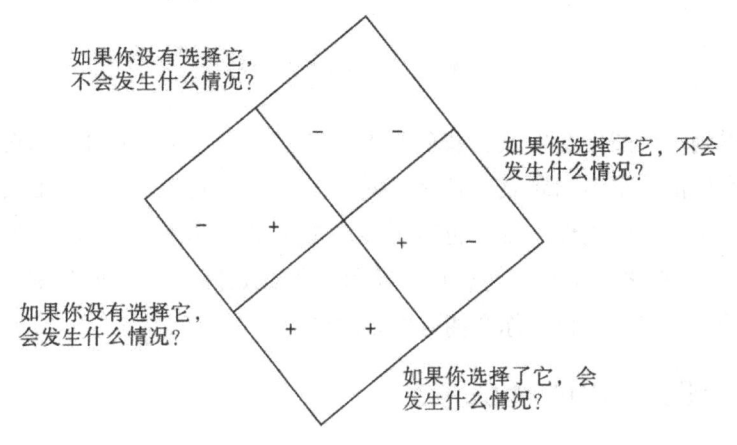

图 4-14　笛卡尔坐标（1）

2. "二选一"问题的决策

如果你的问题是二选一，你左右为难，就可按图所示去思考、去决策（图 4-15）。

①如果你 AB 都选择，会发生什么情况？
②如果你选 A 不选择 B，会发生什么情况？
③如果你选 B 不选择 A，会发生什么情况？
④如果你不选 A、不选 B，会发生什么情况？

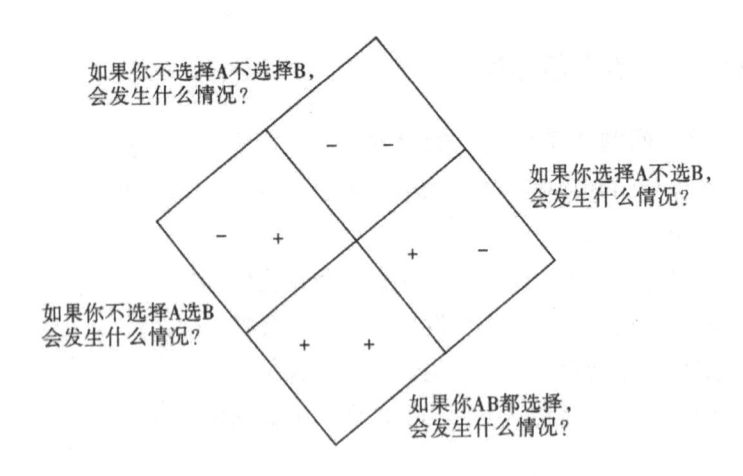

图4-15 笛卡尔坐标（2）

看到这个图你会发现：我就是要"二选一"，不可能两者都选。的确工作和生活中很多问题就是让你"舍"后才能"得"，但这个工具还是要挑战一下我们的刚性思维，也有很多事情不是"非黑即白"、不是"非此即彼"，黑白之间不是灰色，而是彩虹，彼此之间也会有很多融合。试着去拉伸一下思维，也许你会拥有更多的可能。

（十四）GROW 模型

CROW 模型，它是一个综合性工具。GROW 的意思是成长，是一个用来帮助成长的工具，它的应用非常广泛，既可以用于帮助我们自己成长、帮助我们的学生成长，也可以帮助我们的朋友成长、帮助我们的家人成长。

1. 工具解析

GROW 模型是教练约谈中经常使用的对话流程与框架，把它用在我们课程思政及学生思政问题辅导中，很有帮助（图4-16）。

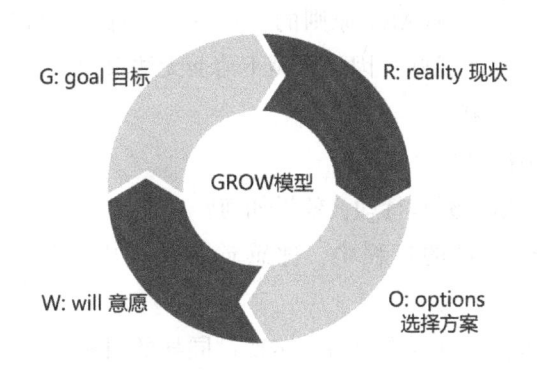

图 4-16 GROW 模型图

GROW 分别代表 4 个不同的单词：

第一个 G（goal setting），就是目标确定。

第二个 R（reality），就是厘清现状。

第三个 O（options），就是发展路径。

第四个 W（will），就是行动计划。

首先，我们专注在"目标"上：我想实现或达到的目标是什么？

其次，把注意力放在"现状"上：澄清当前的状况，到目前为止我们所做的努力和得到的结果，识别出面临的阻碍，并重新评估自己的目标是否现实。

再次，我们专注于"路径"：我们可以头脑风暴出各种能达成目标的路径与方法。在这个过程中，不要做评判，让各种方法都涌现出来之后，我们再评估这些方案，判断哪些方案可行，哪些方案能激发我们的信念和热情。

最后，我们专注于"行动"：判断哪些方案是最佳行动方案，并全力以赴地去实施，推动我们目标的达成。

2. 思考框架

（1）Goal 目标

①你想解决什么问题？

②你真正希望实现的是什么？实现的标准是什么？

③如果你不采取行动，会有什么后果？

确保目标是符合 SMART 原则的，具体、有意义、可操作、实际且有明确的时限；很多"目标"因为含糊不清而无法落地。

（2）Reality 现状

①现在的情况是怎么样的？

②你已经采取了哪些行动，效果如何？

③在你已经尝试的过程中，你感觉有什么内在和外在的约束在影响你？

④在你周边，有没有成功的人实现过同样的目标？你怎么看待他们实现的过程？

描述现状要真实准确。我们往往都只从自己的角度来看问题。但是如果我们能花些时间来分析自己的想法，质疑我们内心的假设，努力去从其他角度拓展思考，会有更大的机会找到潜在的方案和真正管用的行动计划。

（3）Options 方案

①从现在开始，下一步你可以采取的行动是什么？

②如果别人加入进来，他们需要看到或听到什么，才能引起他们的关注？

③还有什么是你可以做的？（重复2~3次）

④如果时间、资源、人际关系不是问题，你可以做什么？

要做到真正的头脑风暴，就是让所有的想法都呈现出来，不做任何评判。允许让一个不可行的想法引出另一个可行的想法。

（4）Way Forward 行动

①讨论到现在，你认为哪个行动目前看来最可行，可以马上去做？

②采取这些行动可能还会有什么障碍，你可以怎么克服呢？

③最后，从你能够全身心地立刻执行的角度，从 1—10 分，你给自己打几分？

④下一步干什么？什么时候开始？

（十五）动力词汇

"动力比能力更重要"。人们经常会使用具体的词语描述他的意愿及该意愿会不会导致行为的发生（图4-17）。

必须	能	值得	将
尽力	不得不	也许	是
应该	可能	打算	允许
应该要	能够	假装	可以
假定	可能	敢于	将
必要的	不可能	决定	想要
需要	做不到	希望	选择
要	让	允许	愿意

图 4-17　动力词汇

一部分词汇关注的是"必要性"，而另一些则关注的是"可能性"。这些动力词汇可以帮助我们对自己、对他人的行动倾向进行判断。同时，可以通过有意识地运用更有能量的动力词汇帮助我们达成行动和目标。在自我觉察及辅导学生的过程中，通过关注语言中的动力词汇能获得如下3种非常重要的信息。

①对人们产生激励作用，而且能令人享受这一过程的词汇。
②对人们产生激励作用，但并不能令人享受这一过程的词汇。
③使人们失去动力的词汇。

第五章 高校专业课与课程思政的实践探究

本章的主要内容为高校专业课与课程思政的实践探究，主要介绍了两个方面的内容，分别是课程思政与人文社科类专业课的融合和课程思政与理工类专业课的融合。期望能够通过作者的讲解，提升大家对相关方面知识的掌握。

第一节 课程思政与人文社科类专业课的融合

一、营销策划中的课程思政教育

（一）高校营销策划专业简介

市场营销是创造、沟通、传播而传递客户价值，以及经营顾客关系以便让组织与其利益关系人受益的一种组织功能与程序，是一种最直接有效的营销手段。

1. 培养目标

本专业旨在培养学生系统掌握管理学、经济学基本原理、市场营销基础知识、基本理论和基本技能等方面知识，使其具有良好的专业素养、开拓精神和创新意识，能够胜任市场调研与分析、广告策划、商务谈判、营销策划与销售管理等综合营销工作，尤其在连锁经营与管理、电子商务与网络营销领域具备突出专长的高级应用型人才。

2. 培养要求

（1）公民素质与职业道德培养要求

掌握马克思主义的立场、观点和方法，了解中国特色社会主义理论体系的内容；具有良好的思想道德修养和人文素质；具有艰苦创业、锐意进取、合作创新的意识和精神；遵守社会公德、法律、法规和职业道德。

（2）知识与能力培养要求

①市场营销策划与管理方向。通过相关课程的教学与实践，使学生熟练掌握市场营销的基本理论与方法；掌握营销策划的基本技能，具备高层次、综合性的营销实践能力，能够在企事业单位从事销售实践、商务策划、品牌管理等实际营销业务工作，并具备向更高层次发展的知识基础。

②连锁经营与管理方向。通过相关课程的教学与实践，使学生熟练掌握现代连锁经营基础理论与实务知识，具有连锁企业战略规划、市场开拓及展店、门店营运、商业零售业操作岗管理等高层次实践技能，能够胜任连锁经营类企业的实际业务工作，并具备向更高层次发展的知识基础。

③电子商务与网络营销方向。通过相关课程的教学与实践，使学生熟练掌握计算机及网络的基本知识，掌握电子商务的基本理论与技能，具备综合性的网络营销实践能力，能够在企事业单位从事网络推广、网络客户关系维护、网络营销等实际业务工作，并具备向更高层次发展的知识基础。

（3）身体与心理素质培养要求

达到国家规定的大学生体质健康标准，形成良好的体育锻炼和卫生习惯，具备健全心理和健康体魄。

（二）德融教学设计及内容

1. 德融教学的设计

本课程采取"四步策划"教学法，将整个营销策划分为调研选题、可行性论证、战术组合、新媒体推广四个步骤。四个步骤在理论和实践上既分割，又融合。

分割是因为营销策划从理论和实践层面来说相对抽象，这也是市场营销专业教学研究、实践工作的难点，作为一个整体进行教学，不利于学生理解和接收。通过形式上的分割，突出每个阶段的工作重心，便于学生理解流程、掌握方法。

融合则是通过内容上的整合，保证整个营销策划方案的完整性。例如，第一步是整合消费者行为和市场竞争调查数据。第二步是可行性论证，在进行第二步时，第一步获取的调查数据将被重新调阅，通过调查数据论证项目的可行性。同样，第三步战术组合，基于第一步的消费者行为和市场竞争调查数据，确定4P组合。第四步的新媒体推广，基于调研阶段发现的消费者心理和行为特征，采取消费者容易接受的推广方式，借助消费者接触最多的媒体进行推广。

通过分割与融合，既帮助学生了解策划流程和每个阶段的工作重点，又帮助学生建立系统的策划思维体系和理念。

2. 德融教学的内容

本课程在总体设计上，从课程的四个步骤，分别承担学生四个方面的德育工作。

（1）调研选题重点避免消极选题，引导积极的研究观。通过小组选题与调研或实验方案设计，引导学生树立健康、积极的生活观和科研观。教师指导学生就自己熟悉的、感兴趣的、时事问题作为选题。学生的思维活跃，对时事敏感，有自己的视角，有些学生小组会选择诸如逃课、App、食堂外卖等体现大学生社会意识、相对惰性方面的研究案例。这种情况下教师则针对消极问题，指导和引导学生，用积极的选题替代。

（2）可行性论证重点进行诚信教育，确保数据真实是核心。市场调查数据作假，是困扰商业行为的重要因素，所以在市场调查、实验设计、问卷设计、调研对象选择、数据处理等环节，对学生进行诚信教育非常重要。当然，仅仅靠诚信教育是不够的，数据作假，往往是因为问卷设计不合理、调研样本难以获取等因素，所以要通过指导学生设计问卷和调研/实验方案，帮助学生细化调研实施环节，从根本上解除困扰诚信的因素。

除了数据的来源要保证真实，合理使用数据也非常重要。所以要教导学生构建真实合理的因果关系，将数据与可行性研究之间的证据链尽量推导的缜密、合理。

（3）战术组合重点引导学生建立科学的策划观、换位思考的同理心、共赢的价值观。由于在商界有些负面因素，所以在战略战术策划部分，在目标使命、商业模式、产品、定价、渠道、促销等各环节中，都要渗透德育元素。

比如企业目标使命环节，教师引导学生遵循社会营销理念，以社会可持续发展、国家人民利益为先，不能为了企业利益，背弃最基本的法律法规道德观念。在产品环节，不能脱离产品利益本质。在定价与渠道环节，引导学生以换位思考、同理心、共赢等价值观兼顾整条价值链的健康平衡发展，不要为了一己私利，不顾价值相关者的利益，甚至挑起整个行业的价格战，破坏行业生态。在促销环节，引导学生传播健康积极的品牌和产品形象，倡导正确的价值观和传播潮流，拒绝色情、魅惑、欺骗、恐怖等负面促销概念。

（4）新媒体推广重点培养学生的创新意识和科研精神。本环节引导学生借助微电影、软文方式，进行品牌和产品传播，鼓励学生对新技术、新手段保持关注并积极尝试使用，培养学生的创新意识和试错精神。该部分还会剖析互联网、大数据、光电技术在传播领域的应用，引导学生树立专业发展刻苦学习和努力研究的科研精神。

（三）教学方法及手段

本课程综合采用团队合作、案例教学、翻转课堂、多媒体教学、过程考核等教学方法与手段。

在团队合作方面，本课程的四个步骤都以团队方式完成。在整个过程中，学生通过团队沟通、团队决策、团队协同等共同完成项目策划。在小组代表PPT汇报结束后，教师和同学都可以对项目进行提问，小组成员进行团队答辩，这些都培养了学生的团队合作精神。

在案例教学方面，教师应积极引导和指导学生将案例延伸到课堂之外，带着策划案参加"创青春""挑战杯""大学生创业大赛"等学科比赛项目，借此培养学生的承压能力、荣誉意识。近几年，"麦泊智能立体停车机器人""歌荻安壳聚糖面膜""三黑黑糖保健食品"等项目走进大学生创业大赛的赛场。通过大赛，一方面，学生可以听取更多专家的建议和意见，对课堂策划案进行了不断完善；另一方面，提升自身的策划积极性和抗压能力。

在翻转课堂方面，教师每次课堂随机指定学生进行理论知识讲解和案例阶段成果汇报，整个课程分为四个步骤，每个步骤由每组一名学生进行汇报，每班学生平均分为4~5个组，四个步骤共有16~20名学生汇报，连同理论知识讲解，基本上每名学生都可以汇报一次。课堂汇报锻炼了学生的演讲能力、归纳总结能力、表达能力和应变能力，有利于学生综合素质的提升。

在多媒体教学方面，精选优秀影视策划视频辅助教学。通过《大染坊》《乔家大院》等影视片段，以及微电影《一触即发》《你能型》等经典广告赏析，帮助学生了解本专业理论知识应用的广泛性及发展趋势，同时穿插德育。例如，《乔家大院》中包头马大掌柜片段，最后以乔致庸授"诚信"牌匾作为该事件的结束，所以向学生传达"诚信"在商业领域、人生立世的重要意义；借用《大染坊》中陈寿亭与元亨染厂商业竞争的片段，向学生传达"以德报怨"在职场与人生中的积极意义。

在过程考核方面，本课程通过四个步骤的阶段性成果汇报和最终的整合报告进行考核，五项成绩的平均分为每个团队的整体平均得分，然后团队根据成员贡献进行内部再分配，教师根据团队内部分配成绩，再加汇报人员、组长加分项，最后得到每名同学的最终成绩。过程考核、团队赋分、内部再分配体现了团队合作、多劳多得，建立公平公正评价体系的理念。

（四）教学效果

本课程通过德融课堂教学，将看不到、摸不着的道德信条融入"四步策划"阶段性教学之中，并以团队合作、翻转课堂等教学方式最终传递给每个学生，获得了较好的教学效果和学生评价。

二、管理学院各专业的课程思政教育

案例："心智与行为模式提升"课程思政教学设计方案。

（一）课程结构与思政设计

1. 课程思政原则

①"课程思政"是将课程中本身就蕴含的马克思主义哲学、习近平新时代中国特色社会主义思想、社会主义核心价值观、中国优秀传统文化等主流思想价值体系中的思政元素挖掘出来，以一种精细的浸润式的隐性教育传授给学生，内化为学生的精神涵养和价值追求，拒绝简单粗暴、生搬硬套。

②思政元素是教师"立德先立己"的备课内容，只有教师将其内化于心，才可能在教学过程中外化于行。思政元素并不一定是课堂讲授给学生的显性内容，而更多的是隐性地去引导、去激发教育教学的内容，课程思政面对学生需要春风化雨，需要润物无声。

2. 课程核心内容与思政元素

表 5-1 课程导读

教学目标	(1) 对哲学三大终极问题有很好的觉察 (2) 掌握基本学习工具"黄金圈法则" (3) 厘清上大学的"why-how-what" (4) 理解这门课的"why-how-what"	
小节	教学核心内容	课程思政元素
1. 自我介绍	(1) 教师与学生自我介绍：我是谁？我从哪儿来？我往哪儿去？ (2) 引导学生思考：三年后的自我介绍，用辩证发展的思维看待自己	(1) 回答哲学三个终极问题 (2) 用唯物辩证法的发展理论深刻理解上大学三年的发展、变化及期待的成果

续表

2. 大学三问	基本学习工具"黄金圈法则 why/how/what": (1) why：教师引导学生思考为什么上大学，回答上大学的初心问题，并在三年中用心坚守。"生活更幸福、人生更美好。"是历届学生都会选择的答案，引导学生思考个人与家庭的幸福与中华民族复兴的关系。 (2) how：教师介绍现代学徒制等工学结合、工学交替、以在岗学习为本位的学习方式，师生共同探讨如何上大学的问题。 (3) what：教师介绍上大学主要学什么的问题——管理学院是培养零售店长。学生发表自己的观点和想法	(1) 学生上大学的初心与中国共产党"为中国人民谋幸福"的初心上下同心。引导学生从"修身齐家治国平天下"的角度理解个人与家庭的幸福与中华民族复兴的关系，牢记使命 (2) 现代学徒制等工学结合的学习方式体现了毛泽东、邓小平关于"实践论"的思想与方法 (3) 做店长不只是为自己谋幸福，它与人们的日常生活幸福息息相关
3. 课程三问	学习该课程的"what、why、how"： (1) what：心智与行为模式是指深植于我们内心的在思考和行动之前既有的认知、判断、信念以及行为习惯，深受习惯思维、定式思维、已有知识和经验的局限 (2) why：成功者是成长型思维与行为模式，失败者是固定型思维与行为模式。一个人的心智与行为模式决定了他的命运。一个组织的命运也大多如此 (3) how：心智模式隐而不见，而且具有自我增强的特性，它常常变得根深蒂固，难以改变。因此教学方式很重要，本课程通过"工作坊"，重在实践	(1) "马克思主义辩证法"是一种研究自然、社会和人类思维的哲学方法。本课程关于思维模式，必然以此理论为指导 (2) 也就是要客观地而不是主观地、发展地而不是静止地、全面地而不是片面地、系统地而不是零散地、普遍联系地而不是孤立地观察事物、分析问题、解决问题，努力做到解放思想、实事求是，一切从实际出发，具体问题具体分析，按照辩证法办事

表 5-2　管理语言

教学目标	(1) 理解语言的能量，愿意成为一个自带正能量的人 (2) 共同学习、完成和分享至少 50 个以上的"语言负转正"案例 (3) 逐步形成自己特有的语言模式，赋能自己，赋能他人	
小节	教学核心内容	课程思政元素
1. 工具学习	(1) 心智可以简单地理解为"思想+情绪"，提升心智模式就要改善"思想"，而思想看不到、摸不到，但可以通过"语言"来感觉到 (2) 采用逆向思维，"管理思想"可以通过"管理语言"来实现 (3) 语言管理的一个重要工具叫"负转正" (4) 语言本身带有能量，不同的语言有不同的能量，我们将语言大体分为两种，一种是"正向"，一种是"负向" (5) 提升心智就要改变语言模式，遇"负"即转"正" 负向语言：学徒制班的学生太差了，太难教了，建议以后不要招学徒制的学生了 正向语言：如果我们能把这些学生教好，是一件很有功德的事。如能教好他们，还有什么样的学生教不了呢？	(1) 物质对意识具有决定作用。物质决定意识，意识是对物质的反映 (2) 语言是可以被看作"物质"的，这也就意味着它对人的思想能产生决定作用 (3) 意识对物质具有能动作用，正确的意识能够指导人们有效地开展实践活动 (4) 如果能够用健康的心智、良好的思维表达带有正能量的语言，慢慢会让语言和思维形成闭环，相互作用和渗透，建立起良好的思维模式与语言习惯

		(续表)
2. 工具运用	（1）教师给出一句有代表性的负向语言，让学生从10个不同角度，去转成正向语言 （2）教师给出20个负向语言，让学生转成20个正向语言 （3）小组互相给出5个负向语言，让对方转成正向语言，全班至少可共同分享20个"语言负转正"，案例	（1）在课堂上至少进行50个以上的"语言负转正"案例，课堂下再让学生坚持打卡，久久为功，慢慢形成习惯，一定会通过语言改变思想，为学生不断注入正能量 （2）在此基础上，心智、思想会逐步走向健康、成熟和高尚

表 5-1-3　管理情绪

教学目标	（1）能够接纳自己的情绪。 （2）能够通过调整身体来改善情绪 （3）能够通过改变思维来改善情绪 （4）能够通过采取行动来改善情绪	
小节	教学核心内容	课程思政元素
1. 工具学习	（1）用正确的心态接纳各种情绪，如焦虑甚至愤怒，情绪不是问题，是对我们的提醒，为我们服务 （2）利用身体来管理情绪，如通过听觉、视觉、味觉、嗅觉、触觉和心灵的感觉来改善情绪。如听琴闻香、微笑拥抱等 （3）通过管理思维来管理情绪。一个很重要的工具 ABC 情绪管理法 A 是事实、B 是观念、C 是情绪。 A 是事实，B 是人们的观念，C 是情绪。人们常常受困于自己的认知或观念，而不是事情的本身。通过改变 B，我们就能改善情绪，从而收获更多的快乐和幸福	（1）学生心理健康是课程思政的重要领域。面对大学生心理问题高发、频发，我们需要去面对、去帮助 （2）情绪是灵魂的提醒，当情绪不断的提醒，却又不断地被忽视的话，那么心理疾病就来了 （3）情绪的人生意义：情绪是生命不可分割的一部分；情绪对自己而言绝对诚实可靠；情绪教导我们在事情中该有所学习、有所收获；情绪应该为我们服务，而不应该成为我们的"主人"

(续表)

2. 工具运用	（1）用自己的事例回顾和识别"焦虑/紧张、愤怒、痛苦、遗憾/内疚、惭愧、恐惧"等情绪，思考它给你的是什么提醒？你从中可收获什么？ （2）利用身体来管理情绪，你有什么经验和体会？哪些已经形成了你的习惯？ （3）每个人给出一个曾经导致自己出现不良情绪的 ABC 事例，看看如何通过调整 B 来改善 C （4）每个小组给出一个典型的导致不良情绪的 ABC 事例，其他小组看看如何通过调整 B 来改善 C	认识情绪的意义，例如： 焦虑/紧张：提醒我们事情很重要，需要增添资源和能力，或降低期望与目标 愤怒：一个面对外界不能接受的情况。提醒自己由改变外面的人事物转向改变自己 痛苦：指引我们去找寻一个摆脱的方向。在痛苦的两人关系中，感到痛苦的人就是应该做出改变的人

表 5-4　适度包容他人

教学目标	（1）理解什么是适度包容他人 （2）掌握适度包容他人的原则和方法。 （3）逐步将适度包容他人修炼成一种行为模式	
小节	教学核心内容	课程思政元素
1. 工具学习	（1）"包融"与"包容"有共同之处，但比"包容"有更深更广的含义。（"包容"更多的是指"宽容、大度"；而"包融"还有被"融入其中"、被"包括在内"的意思。）包融要有一个"度""过度"则会失去规矩和原则 　　（2）包容不足与包融过度的表现 　　（3）包容的基本原则："不排斥、不忽视、不外求、不对立" 　　（4）包融地有效方法和工具	以"适度包融他人"将社会主义核心价值观中的"友善"落实到思想中、学习中、行动中，最终形成一种良好的思维定式和行为模式

149

(续表)

2. 工具运用	练习一： (1) 回顾自己曾经被排斥的经历（例如被忽视，无人倾听、贡献不被认可等）：发生了什么？你有怎样的感受？这样的经历会带给你什么成长？ (2) 己所不欲，勿施于人。经过此事，你是否能够更好地包容他人。更大的挑战是：如果你下一次再次经历被排斥的情况，你会如何应对？ 练习二： 请给出本班"五不准"倡议书： (1) 针对班级包融不足和包融过度的现象，进行反思和觉察，找到需要改善的地方 (2) 先小组讨论确定班级"五不准"事项 (3) 确定后写在大白纸上，并郑重签名 (4) 请全班同学对各组的选项投票，确定五项 (5) 全班同学举行"五不准"倡议书签字仪式	"包融"与孔子所言的"忠恕"大体同义，即"夫子之道，忠恕而已矣。" 忠，就是尽己之心，以待己之心去待人，所谓"己欲立而立人，己欲达而达人"；恕，就是如人之心，就是换位思考，不仅尽自己之所愿，更能想他人之所想，也就是"己所不欲，勿施于人"，能够将心比心

（二）教学组织与实施

①教师的言传身教、学生的耳濡目染是课程思政的重要方式，教师育人要先育己。

②由课程负责人组织任课教师集体备课，共同研讨该课程的教学组织与实施。

③任课教师通过深入学习、反思、完善和创新该课程的教学组织与实施。

④引导学生了解线上学习的要求和方法，根据需要运用翻转课堂教学

理念，让学生在课下掌握课程所需要相关理论知识。

⑤课堂线下教学基于"工作坊"实现"教学相长"，基于"课程工具箱"在"做中学，学中做"，注重实践与训练、师生互动与朋辈学习。

三、消费者行为学中的课程思政教育

（一）课程基本情况

"消费者行为学"是市场营销等专业的基础必修课，是一门建立在市场营销学、行为科学及管理学等学科基础之上的应用科学，面向大二学生开设。

本课程基于"立德树人"教育目标授课标准，以学生为中心，帮助学生达成知识、能力和素质的全面提升，尤其是让学生通过接受课程思政教育，在理想、信念、价值观等方面更加端正，提高人文素养、创新精神和合作能力，努力探寻未来发展方向。

（二）德融教学设计及内容

我们立足消费者行为学课程的教学大纲和课程目标，打造"内外驱动、四位一体"的德融教学体系，从而将思政、德育元素有机融入专业教学。

"内外驱动"一是指引导、激发出学生的内生动力，二是给学生施加积极、适当的外部驱力，从而形成合力的影响。习近平总书记说过，"要坚持把立德树人作为中心环节，把思想政治工作贯穿教育教学全过程"[①]。因此在专业课中融入思政教育尤为重要，通过内外驱动，帮助同学们建立正确的认知、倾听内在的声音，推动他们主动学习、不断前进。

"四位一体"是指构建融入思政、德育元素的教学体系。我们基于社会主义核心价值观和中华民族优秀传统文化，从理想信念教育（包括爱党爱国、中国梦）、心理品质教育（包括核心价值观、思辨精神、良善）、道德法制教育（包括孝道、遵纪守法、诚信、社会公德）和努力奋斗教育

---

① 习近平总书记在全国高校思想政治工作会议上的讲话

(吃苦耐劳、奋斗) 这样四个主要维度、十二个重要方向，通过数十处思政、德育元素的融入点，贯穿于《消费者行为学》三大板块、十六章教学当中，构建起整门课程的内容体系（表5-5）。

表5-5 德融教学内容体系

章节	章节名称	思政、德育融入
1	导论	
1.1	消费者与消费者行为	通过华为"让世界充满爱"的温暖人心的故事，突出情感营销的作用，并将营销与消费者联系在一起；通过网易考拉全球工厂店传承匠人精神的案例，突出"坚守民族情怀，传承中华匠心"的精神
1.2	研究消费者行为的意义	研究消费者行为旨在指导营销实践，而好的营销宣传，不仅对企业意义重大，对国家、政党也具有重要价值。播放2011年我国在纽约时代广场投放的《中国国家形象片》，激发同学们的民族自豪感和自信心，也让同学们感受到袁隆平、杨利伟这些优秀中华儿女的事迹和人格魅力，鼓舞大家努力学习、创造价值；引入正确的消费观念，引导大学生量入为出、理性消费，继承和发扬勤俭节约、艰苦奋斗的优良民族文化传统
2	问题认识与信息搜集	
2.1	消费者决策类型	通过支付宝广告用情怀、用善意，传递了社会正能量，引发了受众的共鸣，加深了大家对品牌的喜爱和忠诚，以此来总结三种消费者决策类型，并引出品牌忠诚度概念
2.2	问题认识	通过淘宝推出亲情账号、中国移动"过年回家，少看手机，多看爸妈"这类暖心的营销案例，探讨如何有效发挥营销的感召作用，激发受众对问题的认识；通过电影《我不是药神》引发人们对健康保险的关注和购买，辅助讲解问题认识这一重要知识点
2.3	信息搜集	通过讲述冲动性购买原理，引导大学生应理性消费、体谅父母、树立正确的三观
3	评价购买	

第五章　高校专业课与课程思政的实践探究

(续表)

章节	章节名称	思政、德育融入
3.1	购前评价	思政、德育融入点评价购买通过意尔康的品牌广告，以"脚步"为切入点，将其与品牌产品进行强势关联，微小故事中流露出来的不平凡精神与感动，进而不断升华小家到大国、小爱到大爱这一核心内涵，最终在消费者心智中植入更深刻的品牌印象
3.2	购买过程	通过中国女排前队长惠若琪的《一颗女排的心》商业广告片，引入消费者对一个品牌的支持态度是怎样投射过来的，介绍如何通过营销，使消费者选择和购买一个产品或品牌。进而解释为什么中国人对郎平指导和女排队员有强烈的认同感，介绍在艰难险阻面前，不屈不挠、顽强拼搏的"女排精神"，并将之升华，进而体现中国精神
4	购后行为	
4.1	消费者满意与不满	解决顾客不满，海底捞做出了一个有力的示范，主动承认错误，赢得谅解，从而将"知错就改，善莫大焉"体现得淋漓尽致；对于现实中一些企业忽视法律和职业道德的事件，教师要带领学生思考企业该如何树立正确的营销观念，个人又该承担哪些社会责任、树立职业道德
4.2	品牌忠诚	通过农夫山泉20年坚持靠品质维系顾客对品牌的忠诚度的案例，引申出对规则、细节的默默坚持和高标准的要求，对企业、对品牌，乃至对于个人未来的发展都是至关重要的
5		消费者的资源
5.1	消费者的经济资源	在讲解消费者的经济资源时，引入习近平总书记曾说过的话"中国的伟大发展成就是中国人民用自己的双手创造的，是一代又一代中国人接力奋斗创造的。①"引导同学们树立正确的财富观念

---

① 习近平总书记在2018年春节团拜会上的讲话

153

续表

章节	章节名称	思政、德育融入
5.2	消费者的时间	通过方太水槽洗碗机广告,讲解方太与更多品牌一起,为妈妈创造更多的时间,实现妈妈的梦想,从而为顾客提供更高感知价值;外卖的兴起是因为帮助消费者节省时间,通过课堂辩论外卖小哥送餐迟到,顾客是否应该投诉这样的话题,建议同学们对他人、特别是城市里辛苦打拼的劳动者多一分宽容和体量,这是当今社会需要的公民素养
6		消费者的购买动机
6.1	消费者的需要与动机	新时代的消费者具有对安全、健康产品的消费需求,因此企业需要秉持环保、天然、健康的理念,诚信经营、造福消费者;运用好欢螺蛳粉的案例,讲解必须善用动机的学习性原理,换位思考,才能正确理解别人,实现有效沟通
6.2	早期动机理论	通过宝洁每逢奥运会推出的 Thank You Mum 广告案例,引入孩子对妈妈的本能依赖,辅助讲解本能说,同时也从亲情、感恩的角度,跟同学们聊聊父母、成长,建议同学们多给父母打电话、发微信,多关爱他们
6.3	现代动机理论	通过泰国人寿广告案例,传递善待他人的重要性,辅助讲解爱与归属的需要、自我实现的需要;通过对马斯洛需要层次理论的讲解,探讨人的高层次需要就是追求幸福、实现自身价值,进而引入习近平总书记提出的"中国共产党人的初心和使命,就是为中国人民谋幸福,为中华民族谋复兴。①"
6.4	动机与营销策略	通过豪车、名贵时装等产品的营销案例,探讨奢侈品对于年轻人的正反两方面的影响,引导同学们理性看待这些高档消费,不要在过度追求物质主义中迷失自我
7		消费者的知觉
7.1	消费者的知觉	对比中美两则百事可乐的广告引入知觉的基本认识;传统文化中盲人摸象典故辅助讲解知觉概念;以"校园贷"等反面案例,辅助讲解知觉特性

---

① 引自 2017 年 10 月习近平总书记《决胜全面建成小康社会 夺取新时代中国特色社会主义伟大胜利——在中国共产党第十九次全国代表大会上的报告》

第五章　高校专业课与课程思政的实践探究

(续表)

章节	章节名称	思政、德育融入
7.2	消费者的知觉过程	通过农夫山泉西藏地区业务代表踏实奋斗的故事，讲解如何运用知觉的整体性来讲好品牌故事，同时引入习近平总书记"幸福都是奋斗出来的"[①] 重要理念；通过华为品牌建设典型案例，讲解企业通过技术创新做出好的产品，通过营销宣传正能量，从而获得消费者的认同和忠诚，使品牌形象深入人心，实现了品牌梦、中国梦
8		消费者学习与记忆
8.1	消费者学习概述	通过习近平总书记对青年的寄语，"青年人正处于学习的黄金时期，应该把学习作为首要任务，作为一种责任、一种精神追求、一种生活方式，树立梦想从学习开始、事业靠本领成就的观念，让勤奋学习成为青春远航的动力，让增长本领成为青春搏击的能量。[②]"辅助讲解如何掌握消费者的学习过程与记忆方法，进而根据其记忆作出有效营销策略。
8.2	学习的基本特性	通过脑白金情感刺激的广告能使消费者印象深刻，讲解刺激的泛化和辨别，同时再结合 Family 公益广告，引申对家庭亲情、感恩意识的讨论。"00"后的年轻人、特别是有些男同学，平时与父母交流较少，结合课堂调查，给同学们一些亲子之间沟通的建议
8.3	消费者记忆与遗忘	通过顾家家居"千万顾家，感恩中国"广告案例，讲解如何运用消费者记忆系统与机制进行怀旧营销，并据此引申，感召、深化同学们的家国情怀
9		消费者态度的形成与改变
9.1	消费者态度概述	通过999感冒灵《总有人偷偷爱着你》的广告案例，致敬生活中那些平凡的小温暖，传递社会正能量，探讨人与人之间相互体谅、给予善意和支持的重要性，进而引出消费者态度的概念和内涵

① 引自习近平总书记2018年新年贺词
② 习近平总书记同各界优秀青年代表座谈时的讲话

155

9.2	消费者态度形成的理论	通过加多宝年度广告宣传片，介绍其"传承王泽邦清朝道光年间配方"这一成功秘诀，引入消费者态度形成的理论，进而渗透传承精神和匠人文化的重要性
10	消费者的个性、自我概念与生活方式	
10.1	消费者的个性	通过讲述乔布斯追求卓越、富有工匠精神从而成就苹果品牌个性的案例，引入个性相关概念；运用 Keep "怕，你就对了"广告案例辅助讲解品牌个性含义，通过 Keep "自律给我自由"的品牌主张，引导同学们培养持之以恒的自律、坚持、努力的精神
10.2	消费者的自我概念	通过尼采的名言"每个人都有自己独特的个性，要正确认识自我"引入自我概念，带领同学们讨论如何对自己建立清醒的认知，以及如何发展思辨精神，进而讲解自我概念的类型、测量，自我概念与产品的象征性等内容
10.3	消费者的生活方式	通过与同学们讨论"现代人的生活方式"，进而讲述生活方式的测量以及 VALS 生活方式分类法，同时引领同学们思考自己理想的生活方式，以及达成目标需要的行动轨迹
11	文化与消费者购买行为	
11.1	文化概述	通过概述中华民族传统文化脉络及当前国家"一带一路"倡议，强化同学们对文化多样性和文化交流重要性的认识，辅助讲解文化的含义、特点，以及亚文化
11.2	中国文化及对消费者的影响	结合新中国成立 70 周年系列活动和西安交大师生共唱《歌唱祖国》快闪视频，引入同学们对大国意识、国家情怀、民族自豪感的整体感知，进而讲解中国文化的形成基础、中国文化的主要特点
11.3	消费者的文化价值观	通过探讨中国式消费引出文化价值观的含义与测量方式；通过可口可乐传递节约水资源的文化价值观阐述与消费相关的文化价值观；运用《致匠心》、大国工匠、海底捞案例和企业文化价值观与营销关系的讨论，辅助讲解文化价值观在营销中的运用
12	社会阶层与消费者购买行为	

| 12.1 | 社会阶层概述 | 利用招商银行番茄炒蛋的广告案例引出社会阶层概念，进而探讨家人的意义；通过《人民的名义》反腐实践案例，进一步说明社会文化的特征，以及社会阶层的决定因素 |

(续表)

章节	章节名称	思政、德育融入
12.2	社会阶层的划分	通过袁隆平院士勤俭节约的生活作风及"钱不是衡量地位身份的标尺"论断,引入两种划分方法,单一指标法、综合指标法
12.3	社会阶层与消费	揭秘校园贷骗局,提醒同学们避免过度炫耀性消费、保护好自己;通过老年人参加旅行团、购买保健品被骗案例讲解补偿性消费,进而提醒同学们多多关爱家里的老人、多给亲人普及知识,提高防范意识
13		社会群体与消费者购买行为
13.1	社会群体概述	通过特仑苏"最好的2019"广告中关于"更好地成长、更好的爱自己、更好的更大的家、更多的个体理应承担的社会责任"等方面的探讨,引出社会群体的概念及类型,进而带领同学们探讨一个人该具有什么样的社会公德、该承担什么样的社会责任
13.2	参照群体对购买行为的影响	通过科颜氏携手奥运冠军马龙为乡村留守儿童做公益的案例,讲解参照群体的类型及其影响方式,引出决定参照群体影响强度的因素及参照群体概念在营销中的运用
13.3	群体压力与从众	通过格力大松电饭煲广告中董明珠讲述"国人到国外哄抢电饭煲,是因为对中国造的产品信心不足",引入从众心理及其原因,讲解影响从众心理的因素,进而延伸出对"中国制造2025"规划、知困当自强、制造业兴国的讨论和思考
14		家庭与消费者购买行为
14.1	家庭与住户	通过泰国保险广告中一位对女儿一诺千金的父亲的暖心故事,引入了家庭与住户的含义、家庭的功能等概念的讲解
14.2	家庭购买决策	通过飞鹤奶粉广告案例,探讨家人之间相互陪伴的重要性,辅助讲解家庭购买决策方式、影响家庭购买决策方式的因素,以及孩子在家庭购买决策中的作用

第五章　高校专业课与课程思政的实践探究

(续表)

章节	章节名称	思政、德育融入
15		口传、流行与创新扩散
15.1	口传	通过"涪陵榨菜"事件讲解口传的概念，引出了口传的重要性及产生的原因、口传网络模型；通过小熊电器《生活复兴》广告片，体现积极向上的生活态度，引出意见领袖、意见领袖与营销策略、网络口传等概念。
16		情景与消费者购买行为
16.1	消费者情景及分类	通过引入宜家广告片"妈妈的早餐"辅助讲解消费者情境；通过引入胖东来百货提供超出消费者期望的服务，讲解企业如何通过优质服务提高顾客满意度，向同学们引申出应该形成精益求精、追求卓越的工作和学习态度
16.2	情景特征与消费者行为	通过吉尼斯（Guinness）啤酒广告营销诠释何为兄弟、何为真朋友，从而传递正能量，引领同学们认识到团队协作的重要性，进而布置课后延伸学习任务，请同学们通过自主学习，提高自身沟通交流和团队合作能力

（三）教学方法及手段

课程基于"以学生为中心"的课堂教学原则，注重学用结合，综合运用信息化等教学方法和手段，通过课前、课中和课后三个环节，由浅入深、逐层递进，使学生将前后知识融会贯通，在理解、消化、吸收的基础上达到灵活运用。具体是以 BOPPPS 模式来展开导入、学习目标、前测、参与式学习、后测、总结拓展等各环节的教学，综合运用案例分析、小组讨论、情景模拟、辩论讨论等教学方法，使用视频、图片、音频、文字材料等辅助手段，将思政、德育元素有机融入课堂教学，避免生搬硬套，力求"春风化雨"。

例如在第 7 章"消费者的知觉"部分，就有多处德育元素的自然融入。首先，使用传统文化中的盲人摸象典故，来阐释感觉和知觉这一组相对的概念。其次，在讲解知觉特性中的理解性时，会做这样的引申，如今天是全球化时代，企业做营销、做品牌，无法避免的就是东西方文化差异，文化天然的会有差异，正确的姿态该是什么，应该是尊重，是尝试理

159

解，是寻求适应对不对？如果不这样做呢？曾经某国外所谓奢侈品品牌侮辱我们的筷子文化，结果如何呢？中国人很生气，后果很严重，就像共青团中央微博上所说、我们欢迎外国企业来华投资兴业，同时在华经营的外国企业也应当尊重中国，尊重中国人民，这是对任何企业到其他国家投资兴业、开展合作最起码的要求，类似这样自取其辱的反面事件，做营销时一定要牢记，要避免。最后，在这节课的理论应用环节，通过农夫山泉案例，来讲解企业如何根据知觉的整体性原理，通过讲好品牌故事推进品牌建设。农夫山泉在品牌形象宣传片里讲过一位普普通通、淳朴憨厚的业务代表的故事，这瓶水从长白山运到拉萨三千公里，最后一公里是这位尼玛多吉完成的。"标准门"事件后这位大哥说他二十多年第一次哭，心里着急，这其实是一种对自己企业的认同感、责任感和使命感。他可能并不是今天标准意义上特别成功的人，但是他说："我要给小孩做个榜样，爸爸的公司就是这样的，我也是大自然的搬运工。"这句话很朴素，但是很深刻，就像习近平总书记所说的"幸福都是奋斗出来的"①，幸福感地获得可能最根本的不在于有多少钱，而是内心的安定和快乐，同学们通过努力学习、努力工作，未来就能撑起一个家，创造幸福生活。因为非常的真实，所以让人认同甚至有所感召，消费者也会对这种温暖产生好感，进而投射到农夫山泉这个品牌上，对这个品牌更加认同，这就是讲好品牌故事的价值。

（四）教学效果

课程建设富有成效，教学质量评价优秀。从具体教学实践来看，课堂气氛热烈融洽，学生学习热情高涨，课程成绩得以提升，教学效果反馈理想。

学生的认同度提高，同学们更加愿意与老师沟通交流。教师注重课堂内外通过多种途径与同学沟通交流，以平和、平等的姿态倾听同学心声，同时给予适当引导和鼓励。

---

① 引自习近平总书记2018年新年贺词

四、文学概论中的课程思政教育

(一)"文学概论"课程的思政性

"文学概论"是汉语言文学本科生的专业课程之一。"文学概论"课程的性质是多元的,大致有专业性、人文性、批判性、思政性等四类性质。专业性强调"文学概论"课程对专业理论知识的讲授与传承。人文性是对人道精神与理念的熏陶与传播。批判性是人文性的一种,因为批判的实质依旧是人道关怀和对不公正社会现象的揭露。传授知识是大学教育的基本功能,但这种教育功能仅仅是本科教育的初级层次要求。学富五车不一定品德纯正,一些高智商罪犯具有丰富的知识,但依然会走向犯罪。因此,仅仅给学生灌输知识是远远不够的。社会主义教育的根本目标是培养优秀的社会主义建设者和接班人,这一要求决定了本科教育的思政性。思政性教育不能脱离专业性、人文性、批判性,在大学教育中尤其是"文学概论"课程教学,需要专业性、人文性、批判性、思政性的互融、互阐、互通。

什么是思政性?思政性是结合近年课程思政教育热点提出的一个范畴。思政性是思想政治教育特征在"文学概论"课程知识中的体现。传统的"文学概论"课程注重课程的理论性、专业性、人文性,但没能特别注意思政性。思政性与人文性相互交织,蕴含在专业性之内。思政性即从专业的理论知识中突出具有人文元素的思想政治教育内涵,尤其要挖掘人文性中的集体主义、爱国主义、社会主义核心价值观。因此,思政性是社会主义教育特色的人文教育,突出东方尤其是中国传统人文主义精神和家国天下的集体主义人文性。中国是社会主义国家,与西方资本主义国家有质的区别。因此,"文学概论"课程需要特别突出中国特色社会主义的思政性,确立中国的人文、突出中国的人文、讲述中国的人文,坚持立德树人,为国家、社会和人民培养德才兼备的社会主义建设接班人。

(二)"文学概论"课程思政价值体系

"文学概论"课程思政价值蕴藏在教材知识之中。挖掘并建构这一思政价值体系是任课教师现时代的重要职责。本书将结合教材知识体例、课程思政内涵与社会主义和谐价值观，以真、善、美为体系架构，以教材知识内容为机质，尝试构建一个"文学概论"课程的"课程思政"价值体系雏形。

1. "文学概论"思政价值之真

真，是指人类在认识客观事物领域中追求客观、科学、规律的知识，以系统化、体系化、学科化的知识谱系为形态，以理性、客观、实证、精确、逻辑为精神。真的对立面是虚伪、虚假、伪劣。真包括真实（客观情况）、真理（知识）、真情（情感）。"文学价值的真，是指文学通过合乎艺术规律的方式，表现社会的真实状况、人生的真正面目、作家的真诚体验等。也就是在认识客观事物的本质和规律的基础上反映真实、表现真情、追求真理"。"文学概论"课程的思政价值之真体现在教材的各个章节内容之中。在具体的章节内容授课实践课程中，"文学概论"课程思政价值之真的挖掘与呈现，以理论讲授+案例阐发，结合课堂讨论，以形象且互动的形式激发学生的兴趣与思政价值的学习。可以从文学性质出发，表现文学的求真性、反映社会真实情况、真实表达时代精神、真情流露人物感情，引导大学生培育求真的学识与品德，形成真实的理想、工作、生活态度，拒绝虚假、不务实、脱离实际的人生观、理想观、价值观。可以从文学批评出发，结合作家作品揭露社会虚假、伪善的深刻思想，培养大学生真诚、真挚地关心社会现实的伟大品格。也可以从文学作品出发，分析作品人物坚持正义、公正的精神品格，树立大学生平等、公正、诚信的社会主义核心价值观。

2. "文学概论"思政价值之善

善，是伦理学讨论的核心范畴，往往用来指称人的德行品行，如心地仁爱、品质淳厚、富有同情心、利他主义等。善指对人合理、合法需求的尊重与满足。"文学价值的善，是指文学要反映出对生命的尊重，对人性健康发展的追求，对人类和平、幸福的向往及对人类与环境和谐的珍惜等。也就是在追求真理和进步的过程中与人为善、尊重人、理解人、关心人、爱护人"。"文学概论"是课程的思政价值之善体现在教材的各个章节内容之中。在具体的章节内容授课实践课程中，"文学概论"课程思政价值之善的挖掘与呈现，以理论讲授+案例阐发，结合课堂讨论，以形象且互动的形式激发学生的兴趣。任课教师可以在讲授"文学批评"一章内容时，以现实主义文学作品为例，对作品中的利他主义、无私奉献的人物与人生决断展开思政教育。如教师在讲授"文学的价值与功能"一章时，可以突出文学的教化功能，引导学生阅读优秀的现实主义作品。亦可比较中西文学教化观，帮助学生树立正常的传统文化观和文化自信，培养大学生热爱本民族文化的意识。

3. "文学概论"思政价值之美

美，是美学研究的核心范畴。亚历山大·戈特利布·鲍姆加通 Alexander Gottlieb Baumgarten 把美学称之为感性学。美的价值往往指在文学艺术领域通过艺术作品的欣赏给人带来愉悦、快乐的情感体验。美的价值与善、真两类价值不同，前两者都是功利的、认识的，是理性的活动。其中真归属于科学理性，善归属于实践理性，但美是纯粹的、非功利的。美不以任何目的为依据，仅仅是纯粹形式的快感体验。"文学价值的美，是指文学在真和善相统一的基础上，满足人们对美的追求和需要，给人精神上的愉悦"。"文学概论"课程思政价值之美的挖掘与呈现，以理论讲授+案例阐发，结合课堂讨论，以形象且互动的形式激发学生的兴趣。任课教师在讲授"文学性质""审美的艺术"内容时，可以从文学的情感入手，以作品丰富情感的普遍性，从跨越不同民族、语言、阶级、身份的特征入手，有利于不同民族、群体的感情共鸣与和谐共处，培育大学生"和谐"的社会主义核心价值观。亦可从文学的审美本质出发，讲授文学艺术的、纯粹的、非功利的愉悦本质，以审美的态度、非功利地追求生活投入工作（可结合悲剧净化论、庄子的心斋、刘勰的澡雪精神等审美心胸论展开），树立非功利、纯净的人生观、价值观、生活观，引导学生远离利欲熏心、急功近利的工作生活态度。任课教师还可在讲授"文学的价值与功能"时，结合文学的审美功能，以具体的悲剧净化功能为例，引导学生欣赏崇高伟大的悲剧，陶冶生活情操，树立崇高伟大的精神品格。

五、大学英语教学中的课程思政

（一）大学英语课程思政的必要性

1. 所有课程都有思政育人要求

《高等学校课程思政建设指导纲要》要求，"高校课程思政要融入课堂教学建设，作为课程设置、教学大纲核准和教案评价的重要内容，落实到课程目标设计、教学大纲修订、教材编审选用、教案课件编写各方面，贯穿课堂授课、教学研讨、实验实训、作业论文各环节""全面推进高校课程思政建设，发挥好每门课程的育人作用"。高校的根本任务是立德树人。立德树人，根在课程。课程是人才培养的核心要素，因此所有课程都要参与思政教育，共同实现思政教育目的。课程思政是每一门课程都要承担的责任。

课程思政建设就是要构建知识传授、能力培养与理想信念、价值理念、道德观念教育有机结合的育人模式，打造发挥全部课堂教学育人主渠道、所有课程建设育人主战场、所有教师育人主力军的育人体系，开创"各类课程与思政理论课同向同行，形成协同效应"① 的育人格局。所以，课程思政需要所有课程形成合力，践行"全员全程全方位育人"的要求。大学英语作为高校通识课程，是高校课程体系的一部分，自然应当承担思政育人功能。

2. 课程思政是《大学英语教学指南》的要求

大学英语作为大学外语教育的主要内容，是大多数非英语专业学生在本科教育阶段必修的公共基础课程，在人才培养中具有重要作用。《大学英语教学指南》指出，高校开设大学英语课程，一方面，满足国家战略需求，为国家改革开放和经济社会发展服务，另一方面，满足学生专业学习、国际交流、继续深造、工作就业等方面的需要。大学英语课程对大学生的未来发展具有现实意义和长远影响，学习英语有助学生树立世界眼光、培养国际意识、提高人文素养，同时为学生知识创新、潜能发挥和全

---

① 习近平总书记在全国高校思想政治工作会议上的讲话

面发展提供一个基本工具，为迎合全球化时代的挑战和机遇做好准备。

因此，我们不应仅看到大学英语的工具性，还应该看到该课程兼有的人文性。其工具性体现于英语本身具有承载着以英语为母语者的文化和思维，也是我们交流思想传播文化、拓展国际视野、进行专业学习的工具。其人文性体现于英语学习过程具有学习英语可以促进心智和思维能力的发展，促进跨文化意识的培养，增进对世界多样性的了解和理解。在《大学英语教学指南》中明确要求，社会主义核心价值观应有机融入大学英语教学内容，要充分挖掘大学英语课程丰富的人文内涵，实现工具性和人文性的有机统。

3. 课程思政是大学英语课程的特点决定的

英语是学生知识创新、潜能发挥和全面发展的工具，英语学习有助学生树立世界眼光，增强国际意识，提升跨文化交际力与国际竞争力，为应对全球化时代的机遇和挑战做好准备。但英语的背后的西方文化，包含着许多与我们的文化和价值观不一致的思想内容，学习英语不可避免地要接触这些思想内容。所以英语学习总是处于中西文化的交互地带，是不同价值观和文化理念冲突的前沿，这就是大学英语课程的特殊性。因此，大学英语课程的这一特殊性要求我们尤其应该注重其课程思政。

英语学习既要通过学习了解、甄别、辩证地看待西方文化，又要通过中外文化交流和比较，了解中外世界观、价值观、思维方式等方面的差异，强化对中华文化的认同，树立文化自信，培养跨文化意识，增强使用外语介绍中华文化的能力，传播中华文化，讲好中国故事。

（二）大学英语课程思政的内容

大学英语课程思政既有各门课程的共性内涵，也有自己独特的元素和内容。

1. 课程思政的共性内涵

课程思政就是要在课程教学中做到立德树人。立德树人是各门课程的目标，也是课程思政对各门课程的要求。党的十八大报告明确提出"把立德树人作为教育的根本任务"，习近平总书记也指出，"高校立身之本在于立德树人"①"要把立德树人的成效作为检验学校一切工作的根本标准"②。他提出了"以树人为核心，以立德为根本"③的新时代中国特色社会主义教育原则。

教育有着明显的政治属性和政治功能。我国是中国共产党领导的社会主义国家，这个基本国情决定了我们的教育事业必须为社会主义培养合格的建设者和接班人，培养拥护中国共产党领导和我国社会主义制度、立志为中国特色社会主义奋斗终生的有用人才。这就要求我们不管什么时候，为党育人的初心不能忘、为国育才的立场不能改。

可见，要做到立德树人，就要育人和育才并举，在课程实施过程中力求实现育人和育才相统一。教学中既注重知识的传授和技能的培养，又重视学生人生观、世界观、价值观的培养，寓价值观引导于知识传授和能力培养之中。如果只注重价值观引导，教育就沦为说教，培养的可能就是威廉·德雷谢维奇（William Deresiewicz）笔下的"常青藤的绵羊"；如果只注重知识传授和能力培养，忽略了价值观的引导，培养的就可能是钱理群教授所批判的"精致的利己主义者"，或是梁思成先生口中的"半面人"或"半个人"，即"只懂技术而灵魂苍白的空心人"。每一门课程都有自己特殊的地方，教学内容和方法等都有差异，课程思政的融入方式也有所不同。特殊性中有共性，学科内容虽有所不同，但核心的内容是一样的。这些共核的东西就是，习近平总书记 2018 年 5 月 2 日在同北京大学师生座谈时指出的，"做到以文化人、以德育人，不断提高学生思想水平、政治觉悟、道德品质、文化素养，做到明大德、守公德、严私德"④。简而言之，就是要培养学生的社会主义核心价值观，使其坚定中国特色社会主义道路自信、理论自信、制度自信、文化自信，提高道德修养，培养中国情怀，提升人文素养。

2. 大学英语课程思政的特色内涵

在大学英语课程教学中进行思政教育有着其他课程所没有的一些优势。这些优势来自两种语言和文化的对比，通过英汉对比，学生能够认识

---

① 习近平总书记在全国高校思想政治工作会议上的讲话
② 习近平总书记在北京大学师生座谈会上的讲话
③ 习近平总书记在北京大学师生座谈会上的讲话
④ 习近平总书记在北京大学师生座谈会上的讲话

到英语表达中的错误思维和文化方面的问题,与学生自己对两种语言和文化差异的了解不足有关。例如,学生在英语写作中容易写出粘连句,如:I go to school, my brother stays home。这句话缺少必要的连词。究其原因,是学生不了解英语是重形合的语言,汉语是重意合的语言。这种语言的差异根植于两种文化不同的思维方式,中国偏重感悟的直觉思维,而西方偏重分析的逻辑思维。汉语词语之间的关系常在不言之中,正如王力所指出:"西洋语的结构好聚连环,最则环与环都联络起来,毕竟有联络的痕迹;中国语的结构好像无缝天衣,只是一块块的硬凑,凑起来还不让它有痕迹。西洋语法是硬的,没有弹性的;中国语法是软的,富于弹性的。"王力先生的话道出了汉语的魅力和美感。学习目标语言及文化有助于更好地理解自己的母语和文化,才能够在两种文化的冲突中做到文化自信和坚守。

因此,在课堂上教师若能通过英汉对比来讲授英语句子的规则,英语学习就不再枯燥乏味,学生在学习英语语法规则的同时,也能深刻理解汉语字里行间的语法意义和逻辑联系,更加热爱自己的母语和母语文化。这就是文化自信的体现。这种自信的前提和基础是对于自身文化由来、发展历程、内在特质、现实状况、发展趋势的"理性把握",对于自身文化与其他民族文化关系的"理性把握"。大学英语课堂就是能够提供中英文化比较和认识的绝佳渠道。这正像孙有中所说的"外语课程一般要求学生完全浸泡在对象国的语言文化之中,以便最有效地习得一门外语"[1]。这为跨文化比较与反思提供了丰富的资源。当外语教学从跨文化视角展开,外语学习便成为培养学生人文素养、价值取向、国际视野、文化自信乃至人类命运共同体意识的课程思政过程。

所以,大学英语课程思政的特色内涵,就是要理解世界多元文化异同,提高文明互鉴意识、人类命运共同体意识和跨文化能力;了解并学会用英语表达习近平新时代中国特色社会主义思想的核心要素;理解并学会用英语表达中华优秀传统文化,增强文化自信,讲好中国故事。

---

[1] 孙有中. 课程思政视角下的高校外语教材设计 [J]. 外语电化教学, 2020 (06): 46-51.

(三) 有关大学英语课程思政的几点建议

1. 加强顶层设计，构建课程思政育人体系

首先，课程思政的内容需要体系化。《纲要》指出，课程思政建设内容要紧紧围绕坚定学生理想信念，以爱党、爱国、爱社会主义、爱人民、爱集体为主线，围绕政治认同、家国情怀、文化素养、宪法法治意识、道德修养等重点优化课程思政内容供给，系统地进行中国特色社会主义和中国梦教育、社会主义核心价值观教育、法制教育、劳动教育、心理健康教育、中华优秀传统文化教育。这些内容如何成体系地融入课程内容中，就需要进行顶层设计并落实到教材中。其次，课程思政的组织需要体系化。《纲要》明确要求各高校要构建科学合理的课程思政教学体系。课程思政涉及不同的学段、不同的专业、不同的课程，如何有组织、有层次地推进，也需要进行体系设计。刘建达提出的 BIPA 模型涵盖了课程背景、课程内容、教学过程、教学评价等方面的内容，对如何实施课程思政提出了一些建议，是这方面的一个有益探索。最后，思政课程和其他各类课程之间的协调需要系统构思。如果思政课和各类课程协同育人配合不够，碎片化地植入思政元素，便会使学生感到生硬杂乱，不利于有效的价值引领。

2. 更新教材内容，融入跨文化元素

部分学者认为，现有教材内容难以满足课程思政的目标和要求，也有学者因此建议要从思政的角度重新编写有关教材。当前的大学英语教材主要采取主题编写模式，即每个单元聚焦一个主题，这在一定程度上要受到选材难易程度的制约，带有一定的随机性或主观性。在这方面，应该考虑邀请文化专家团队、思政教育专家团队与语言专家、语言教育专家、教材研发专家团队一道，共同进行教材开发。

符合课程思政的教材要加大中国元素和文化的介绍。有研究人员认为，中国人之所以为中国人的特性，中华民族之所以为中华民族的特性，不是生理的，而是文化的、精神的，没有中华文化，就不能称其为中国人和中华民族。只有牢牢站稳中华民族永续发展的立场，才能从根本上认识中华文化的价值。但青年学生容易在外来文化的学习中迷失，甚至全盘接受外来文化中的价值观。对此，我们必须要清醒的认识和足够的重视，这需要我们在教材编写中加强对中华文化的介绍和中英文化的对比。文化不

存在优劣，但存在差异。中华文明有自己的价值偏好，责任先于权利，义务先于自由，社群高于个人，和谐高于冲突。① 这与西方近代文化形成了鲜明的对照。青年学生需要教材和教师正确有效地引导。

大学英语教材编写的指导思想应体现新时代、新要求，体现党和国家对教育的基本要求，要自觉坚定文化自信，坚持中华文化的主体性，坚守中国文化的话语权，充分体现中国特色、中国风格，应自觉融入社会主义核心价值观和中华优秀传统文化，引导学生树立正确的世界观、人生观和价值观。在这方面，高等教育出版社出版的《"新智慧"大学英语读写教程》进行了一些有益的探讨。譬如，该教材选取林语堂对中国闲适文化的哲学解读、辜鸿铭对汉语的剖析等，以增强学习者的文化自信，提高学生使用英语介绍中国文化的能力；聚焦"光盘行动""中学西渐""社会主义核心价值观"及"中国文化软实力"等元素，以巩固学习者的家国情怀；倡导"诚信善良""坚忍不拔""爱岗敬业""求真务实"等积极向上的价值观，践行文化育人功能。

3. 加强教师培训，增强其思政意识和能力

全面推进课程思政建设教师是关键。教师要加强课程思政的意识，提高进行课程思政的能力，以德立身、以德立学、以德施教，坚持教书和育人相统一，坚持言传和身教相统一，坚持潜心问道和关注社会相统一，坚持学术自由和学术规范相统一，自觉发挥积极性、主动性、创造性，用知识的力量感召学生，以深厚的理论功底赢得学生的信任，用高尚的人格感染学生，努力成为塑造学生品格、品行、品味的"大先生"，更好地担起学生健康成长指导者和引路人的责任。这就要求教师首先要成为高质量语言输入的提供者，用自己对英语的掌握和运用传输给学生。另外，教师要重视中外文化的差异，谨防不良文化渗透。教师还要掌握英语课程的教育教学规律，处理好课程内容和思政内容的关系，既不以学术性取代思想政治教育，也不单纯地把价值引领看作政治宣讲。课程思政贵在潜移默化，成于润物无声。

大学英语课程的教师要结合英语类课程的特点进行课程思政，找准思政和语言学习的契合点。例如，在进行语法教学时，我们要注意培养学生

---

① 陈来. 中华文明的价值偏好与现代性价值的差异 [J]. 人民教育，2016（19）：77-79.

的思辨能力，即观察问题、分析问题、解决问题的能力，充分发挥语法学习的方法论作用与逻辑魅力。语法大部分情况下是有理据的，是可以解释的。如果我们能够引导学生从结构、功能、认知、修辞、信息传递、音韵等视角理解语法规则，那么就是在培养他们多角度看待问题的能力，他们的逻辑思辨、对比分析和演绎归纳等能力也会得到训练和增强。

4. 注重教学方法，引导学生深度思维

好的思政教育效果不是教出来的，而是学生领悟出来的。领悟需要深入地思考，所以在教学的过程中启发学生深度学习和思考就很重要。只有启发学生学会思考，其语言学习才不会仅停留于工具层面，而让语言成为单纯传递信息的容器。这需要教师加强教学方法的研究，提高自身素养，提升对语言美的分析能力。这也要求阅读材料的选择应该具有一定的思想性，具备讨论的广度和深度，能够引起思考和讨论。通过对这些材料的阅读、讨论，学生不仅能获得高质量的语言输入，也能在思想上获得启迪，获得人生经验和世界知识。这比重复的语言技能训练更能激发学生的学习动机和学习兴趣。《"新智慧"大学英语读写教程》就非常重视这些材料的选择。该教材阅读素材出自诸如 Washington Irving、Henry David Thoreau、Pearl Buck、Amy Tan、Albert Einstein、O. Henry、林语堂、辜鸿铭等古今中外名家之手。大师的语言风姿与思想魅力，既是绝佳的语言临摹范本，又是拓展思想维度的利器。

要培育能参与全球治理、具有世界眼光的社会主义建设者和接班人，人文知识的学习非常重要。外语教育的本质是人文教育，这要求我们不能只把英语当作一种交流的工具，还要重视使用英语进行大量的人文社会科学文献的阅读。因为阅读实际上就是和心灵的对话，在对话中教师要帮助学生树立正确的世界观、人生观和价值观，使其懂得怎样做人，怎样做事。可以说一个人的精神发育史，就是一个人的阅读史。人文社会科学是人类认识世界、改造世界、传承文明、创新理论、服务社会和完善自身等方面的锐利思想武器，是推动历史发展、社会进步和人类文明的强大精神力量。人文社会科学是一种知识体系，也是价值体系，能够为科技创新提供正确的价值导向，引导科技朝着有利于人类社会发展的方向前进。自然科学与技术是中性的，它不能也不可能解答"为什么要发展技术？""如何运用技术？""技术发展的目的是什么？"等价值判断问题。能解答此类问

题的只有人文社会科学。因此，英语学习中加强人文社科文献的阅读有助于对学生的价值引导，促进课程思政。

5. 加强教学研究，注重引导和示范

《纲要》要求充分发挥"高校课程思政教学研究中心"的作用，围绕课程思政建设的重点、难点、前瞻性问题等进行深入研究。教育部选树一批课程思政建设先行校、一批课程思政教学名师和团队，推出一批课程思政示范课程、建设一批课程思政教学研究示范中心、设立一批课程思政建设研究项目，推动建设国家、省级、高校多层次示范体系，大力推广课程思政建设先进经验和做法，全面形成广泛开展课程思政建设的良好氛围，全面提高人才培养质量。支持各地、各高校搭建课程思政建设交流平台，分区域、分学科专业领域开展经常性的典型经验交流、现场教学观摩、教师教学培训等活动，充分利用现代信息技术手段，促进优质资源在各区域、层次、类型的高校间共享共用。

在外语课程思政资源库建设方面，大连理工大学已经进行了卓有成效的尝试。该校的外语课程资源库建设内容主要包括三个模块，分别为"中国文化""中国道路"和"中国外交"。以"中国文化"模块为例，该模块包含了《道德经》《中国文化读本》《中国传统文化外译》等内容。与此同时，每一模块还包括来自中国国际电视台、新华网、《中国日报》等媒体，关于时事和国家政策发展最新解读的外文文本和视频材料，使得教学资源库既有理论深度，又能紧跟时代脉博。

第二节　课程思政与理工类专业课的融合

一、数字逻辑中的课程思政教育

（一）课程基本情况

"数字逻辑"是面向计算机科学与技术专业大二学生开设的一门重要的专业基础必修课。它是硬件课程的"基石"，在计算机硬件课程中起着承上启下的作用，为后续的"计算机组成原理""微机原理""计算机系统结构"等课程的教学奠定了重要的基础。

本课程主要讲授数字表示、数字编码、布尔代数、组合逻辑设计方法、时序逻辑设计方法、可编程的逻辑器件，以及数字电路系统中应用的概念和技术。教学任务是帮助学生了解数字电路的应用和数字系统的设计方法，建立数字电路的系统认知，从而培养学生的逻辑思维能力、逻辑抽象能力、解决数字系统实际问题的能力和创新能力，使学生具备数字系统硬件分析、设计和开发的基本技能，为培养计算机系统分析、系统设计和系统集成技术人员奠定基础。

本课程以"诚信""责任""爱国""自我完善"为核心对学生进行素质培养，培养学生高尚的道德素养、过硬的职业素养、求真务实的科学素养、良好的人文素养。

（二）德融教学设计及内容

1. 德融教学设计思路只制本基量果

本课程立足于专业教学内容，教学实施过程以学生为中心，突出实践性和创新性的培养，凸显教师的示范引领作用。使用多元化的思政育人形式，实现德融教学，促进学生专业培养、职业素养、道德素质的提升。课程主要基于以下思路实施思政教育：

①建立多元化评价机制，教学内容突出实践性；

②以企业的岗位需求为依托，强调职业性；

③教书育人，德育为先，注重学生素质培养的全面性；

④兼顾可持续性，利用信息技术改进教学方法和手段，提升教师自身素质和教学能力，全面提高教学水平。

2. 德融教学主要内容

本课程从职业道德、社会公德、集体主义、人生观和价值观、科学精神五个方面进行德融教学（表5-6）。

表 5-6　教学内容与德融教学的实施形式

章节	知识点	思政元素	实现形式
第一章基本知识	数字信号与模拟信号；数字系统的层次结构；计算机的发展历史；数字电路分析设计方法；进制与数制转换方法、机器数、常用编码	理论联系实际、思辨能力、爱国、自信、进取、民族自豪感、辩证思维、逻辑分析能力、关联思维、严谨、认真、本质论、大局观	课堂举例、图片、实例对比、视频、课堂讨论（头脑风暴）、理论推导、生活实例、关联比较、思维导图
第二章逻辑代数基础	布尔、向农；基本逻辑运算；逻辑函数相等；基本定理规则；最小项与最大项；逻辑函数化简、卡诺图	本质论、理论联系实际、严谨、逻辑推理能力、关联思维、严谨、高效、大局观、不怕困难、协作、相对论、本质观、全局观、创新思维	科学家的事迹、生活实例、关联对比、逻辑推导、联想、启发教学、课堂讨论
第三章集成门电路与触发器	集成电路的分类与举例、逻辑门电路工作原理、触发器	爱国、自信、进取、民族自豪感、关联思维、创新思维、集体主义、社会公德、本质论、全局观、理论联系实际	图片、视频、生活实例、关联对比、逻辑推导、联想启发教学、课堂讨论、实验
第四章组合逻辑电路	组合逻辑电路分析；包含无关条件的组合逻辑电路设计；多输出函数的组合电路设计；无反变量提供的组合电路设计；现象的产生与判断	理论联系实际、思辨能力、大局观、共享精神、集体主义精神、奉献精神、协作精神、敬业、严谨、进取、勤俭节约、公平竞争意识	新闻视频、生活实例、逻辑推导、课堂讨论、实验

173

(续表)

章节	知识点	思政元素	实现形式
第五章同步时序逻辑电路	脉冲信号与电平信号；状态图与状态表；时序电路分析；同步时序电路设计—状态表示、化简、分配；设计举例	理论联系实际、本质观、大局观、严谨、认真、进取、敬业、遵守规则、以集体利益为重、创新能力、协作能力、精益求精	新闻视频、生活实例、逻辑推导、课堂讨论、实验
第六章异步时序逻辑电路	异步电路的分析、输入信号的约束；激励表—无关条件的使用；使用触发器状态改变作为脉冲信号；电平异步时序电路的竞争—流程表	抓住事物本质、集体主义精神、勤俭节约、思辨能力、善于变通、善于利用现有条件、创造精神、关联思维、严谨、务实、协作、精益求精	社会热点、逻辑推导、生活实例、课堂讨论、实验
第七章中规模通用集成电路	加法器；译码器；选择器；分配器；计数器；寄存器	善于变通、学以致用、多角度考虑问题、效益最大化、思辨能力、严谨求实、刻苦进取、不畏困难、敢于质疑、开拓创新、精益求精	逻辑推导、生活实例、课堂讨论、实验

（三）德融教学方法及手段

1. 德融课堂教学方法

（1）教学方法设计

德融课堂的教学过程分为六个步骤（图 5-2-1）。

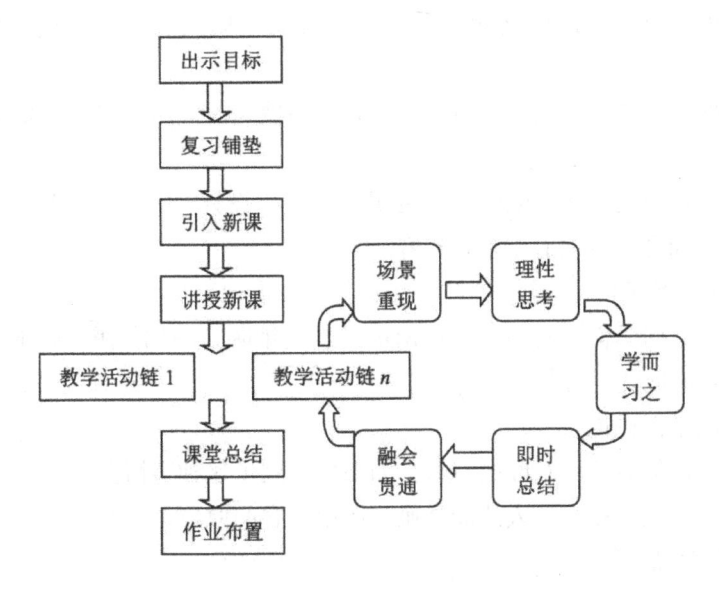

图 5-1 教学方法设计流程图

①出示目标。上课前,以板书的形式将本次课的主要内容呈献给学生。

②复习铺垫。通过提问学生上次课所讲的问题,复习上次课的相关知识。

③引入新课。通过提出问题发起课堂讨论,进而提出本次课的主要内容。

④讲授新课。此处根据知识点划分为若干知识模块,每一个模块对应一个教学活动链,每个活动链包括五个环节:场景重现、理性思考、学而习之、即时总结、融会贯通。

⑤课堂总结。总结本次课堂教学内容,并指出注意事项。强调细节问题的处理,并希望大家养成科学、严谨的治学态度和创新思维,提高自己分析问题、解决问题的能力。

⑥作业布置。结合本课内容布置课后作业。

(2) 教学活动链设置

①场景重现。用典型生活实例引入问题。

②理性思考。列举数据,深入剖析,讲解问题实质。

③学而习之。融入学科实例,实现问题论证。

④即时总结。总结问题实质，此处可以根据实际情况添加德融教育内容。

⑤融会贯通。引入头脑风暴等形式，拓展问题应用，实现认知升华。

（3）教学活动链应用

例题：无反变量提供的组合逻辑设计——设计一个组合电路，用来判断献血者和受血者的血型是否相容。

【场景重现】

首先请同学们观看一段"济南市民连夜排队为孕妇捐献救命血"的新闻视频，时间为2分钟。

请同学们讨论：

①说说你对这一新闻的看法？如果你遇到了这种事情会怎么做？

②只有血型相容的人才能献血，血型相容的原理是什么？

【理性思考】

医学上检验血型采用的是化学反应，如果我们从计算机专业的角度出发，去做一个这样的组合电路，判断献血者与受血者血型是否相容，应该怎么做？

【学而习之】

根据所学习的组合电路设计知识进行解题，共使用2种方法，请同学们比较。

【即时总结】

这个例题告诉大家：

①换个角度，柳暗花明。从解决问题的角度来看，编码不同决定了电路不同，通过研究发现，第二种编码大大简化了电路结构，因此大家要注意尝试多种方法，精益求精。

②无偿献血，责无旁贷，赠人玫瑰，手留余香。乐于助人是高尚的美德，在他人需要帮助的时候，及时伸出援手，奉献自己的爱心，世界将会变得更加和谐美好。

2. 德融教学实施手段

课程中的德融教学实施手段包含以下五种具体形式。

（1）例题

讲授例题时，通过引入具体的生活实例和生活场景，引入要讲解的问题。通过类比，剖析问题，引导学生抓住问题实质，从多个角度考虑问题，培养他们科学严谨、勇于创新的精神，以及做人做事的道理。鼓励学生不畏困难、敢于质疑，找到自己的发光点。例如，在讲解包含无关条件的电路设计时，通过两种不同方法的对比，引导学生全面考虑问题，利用一切可以利用的条件解决问题，从而简化电路结构；讲解多输出变量的电路设计时，通过类比生活中的共享问题（知识分享、作业抄袭、投标作弊等），进而总结哪些是有益的共享（知识分享），哪些是有害的共享（作业抄袭、投标作弊），引导学生培养遵纪守法、遵守职业道德、诚实守信、乐于助人等良好的道德品质。

（2）实验过程

在实验中分组协作，分工明确，培养学生团结协作、自律守时、爱岗敬业、勇于进取的职业精神。对在实验过程中出现的问题，鼓励学生开拓思路、勇于创新，培养他们认真严谨、精益求精的科学精神。通过实验的验收，培养他们诚实守信、实事求是的工作作风。

（3）时事新闻

课上课下通过并结合发生的时事新闻、社会热点，及时传递正能量。通过典型实例，培养学生弘扬正义、惩恶扬善、诚信守法、正直善良、乐于助人的品格。选取成功的创业事迹，鼓励学生开拓思路、勇于进取、坚持不懈、甘于奉献。通过解读就业政策，引导学生找准定位、有的放矢，做好职业规划。通过本专业的就业形式和考研情况，选取适当典型，帮助学生树立自信、挖掘自身潜能，使其产生更大的学习热情。

（4）名人轶事

结合本专业特点，通过讲解名人事迹，或者推荐学生课下观看名人故事，让学生在增长知识的同时学习榜样。例如，通过讲解约翰·冯·诺依曼（John von Neumann）的故事，培养学生科学严谨、勇于进取的科学精神；通过讲解齐白石的故事，培养学生不畏困难、坚持不懈的进取精神；通过讲解邓稼先的故事，培养学生乐观进取、积极向上的态度和爱岗敬业、爱国爱民的情怀；结合当代名人的创业故事，鼓励学生自立自强；通过一些访问专题，培养学生尊重他人、平等相处的为人之道。

（5）亲身经历

学高为师，身正为范，言传身教，教书育人。作为一名教师，首先要提高自身的道德修养，不断自我完善，传递正能量，潜移默化地影响学生，和学生共同成长。在教学中，教师会分享自己的一些学习经历和就业经历，引导学生选择正确的学习方向，少走弯路。对于一些典型的生活实例，我们可以从正面的角度引导学生孝敬父母、尊师爱校、热爱班级、乐于奉献。课下注重与学生的情感交流，尊重学生，及时引导学生树立积极乐观的人生观和正确的价值观。

（四）教学效果

在以前学习的过程中学生普遍感到数字逻辑这门课难学、难懂、概念抽象，对这门课的感性认识差，教师在教学中使用传统的教学方法和教学手段很难实现教学目标。有些学生时间观念淡薄、经常迟到；有的人学习不认真、不求上进，作业抄袭现象时有发生，部分同学集体主义感较差，自我意识强烈，我行我素。

通过德育教育，上述现象有了很大改观，使整个班级精神风貌焕然一新。多样化的课堂教学模式，更容易被学生接受和认可。网络平台和手机App的使用使学习更加人性化，提高了学生的学习兴趣。现代化的实验教学方法结合"创新能力培养"的教学思想，使学生更喜欢动手操作，在巩固知识的同时又提高了自身的创新能力。学生到课率达到98%，无迟到早退现象，课堂气氛活跃，学习热情高涨，积极回答问题、参加课堂讨论和课堂活动，作业完成质量有了很大提高；实验态度认真端正，实验课小组成员团结互助、讨论热烈，做到了人人参与、相互协作、共同进步，每个小组都能高质量完成实验，达到了学以致用的效果。大多数同学不再迷茫，开始制订个人学习目标和学习计划，并愿意为之努力。

实践证明，以上措施很好地达到了立德树人，润物无声的教学目标。但是德融教育是一个长期潜移默化的过程，不仅仅局限于一门课、一个学期，要取得显著成效还需要师生长期的坚持和努力。

二、水污染控制工程中的课程思政教育

（一）"水污染控制工程"课程融入思政的意义

高等学校的使命不仅要育才，更要育人。教育工作者肩负着培养担负

民族复兴大任的有理想、有本领、有担当的时代新人的重任,因此,建设高水平人才培养体系,必须将思想政治工作体系贯通其中。课程思政是思政教育直接渠道"思政课程"的拓展,是建构高校大思政教育体系的重要举措。高校各专业教师应紧紧抓住课程建设主战场,在专业知识传授的同时,将思政教育融入课程教学的各环节、各方面,为大学生人生观、世界观、价值观形成正确指导,共同助力学生成长。

"水污染控制工程"是高等学校环境工程的专业核心必修课之一。该课程的主要任务是使学生掌握水体污染防治技术的基本知识、工程设计和运行管理的基础理论和方法,了解污水处理厂工艺流程选择、总体布置思路与方法及污水处理技术的最新发展,培养学生应用自然科学、工程基础和水污染控制工程等知识,分析水污染控制工程问题并提出合适解决方案的能力,为将来从事污水处理的工程设计、运行管理及科研工作奠定了必要的理论和技术基础。该课程作为环境科学与工程专业最核心的课程之一,对学生的知识获取、能力培养、价值塑造都有着重要的影响,承担着专业引导的重要作用。课程中蕴含着重要的思政资源和内涵,在教学中要致力于探索本课程的思政建设内容,在尊重课程内在规律的基础上,充分挖掘和深化环境工程专业课程的思政教育功能,将思政元素融入课程教学的实践,实现专业知识教学目标和学生思政教育目标的共同达成,提升了学生的专业能力、职业精神和社会责任感,激发了学生科技报国的家国情怀,服务和满足了新时期人才培养战略需要。

(二)挖掘"水污染控制工程"课程的思政元素

"课程思政"不同于"思政课程",它不是一门单独的课程,而是在课程中融入思政元素,在专业知识学习的同时,潜移默化地进行思想政治教育。因此,只有积极挖掘专业课程中的思政元素,才能真正发挥这门课程的思政功能。笔者将从社会主义核心价值观教育、理想信念教育、生态文明教育、职业素养教育等几个方面挖掘"水污染控制工程"课程中的思政元素。

1. 社会主义核心价值观教育

党的十八大提出了"富强、民主、文明、和谐、自由、平等、公正、法治、爱国、敬业、诚信、友善"的社会主义核心价值观,深化社会主核心价值观教育成为高校内涵建设的需求，而"课程思政"应当助力社会主义核心价值观教育。

以"水污染控制工程"课程为例，在讲授"生物膜的组成"知识点时，不仅要让学生了解生物膜的组成包括了细菌、真菌、原生动物、后生动物、藻类及肉眼可见的虫类等，更应该让学生认识到正是各类生物在生物膜中的分工协作、互相配合，才实现了污水的高效净化，从微生物体系的"和谐"延伸到社会的"和谐"，让学生认识到"和谐"的重要性。在讲授"水处理理论与技术的发展"时，可以适时穿插介绍一些我国环保领域专家的事迹，例如郝晓地教授在国外求学期间时刻心系祖国，关心国家大事，闲时就写一些国外所见所闻寄到国内报刊发表，并仅用了两年时间就完成了荷兰代尔夫特工业大学博士学位的学习，被校方评价"中国人真能干"。郝晓地教授放弃了国外优渥的科研环境和条件，毅然选择了回国任教，为我国水处理领域带来了最前沿的理论与技术，推动了我国环境科学与工程学术研究水平快速与国际接轨。类似的案例不止于此，这些颇具"爱国"情怀的事迹，不仅能让学生懂得"科学没有国界，但科学家有自己的祖国"，更可以激发学生的学习热情。在讲授"污水排放标准"时，我们还可以补充介绍我国污水排放的现状，并深入剖析在有排放标准的情况下存在的"偷排"现象，进而提及水处理行业的"诚信"问题，让学生"以诚信为本"，做一个诚信环保人，以"课程思政"为契机，在传授专业知识的同时完善学生的价值观。

2. 理想信念教育

大学生是国家未来的希望，他们的思想道德品质、科学文化素养将直接关系到国家未来的发展，高校要通过"课程思政"来进行理想信念教育，让学生获得人生的精神支柱与力量源泉，促进学生健康和全面的发展，立志承担起中华民族复兴的时代重任。在"水污染控制工程"课程教学过程中，补充介绍我国水处理行业在起点低、起步晚的背景下，如何由无到有、由弱到强的奋斗史，介绍我国在生物脱氮除磷、水环境治理新材料、膜技术等领域取得的辉煌成绩，从中展现我国科学家坚持不懈、百折不挠、锐意进取的精神，他们正是有着坚定不移的理想信念，才能一次又一次地突破技术瓶颈，立足于世界水处理领域。让学生具有坚定的理想信念，弘扬中国精神，提升其道路自信、理论自信、制度自信和文化自信，为圆国家富强、民族振兴和人民幸福的中国梦而不断努力。

3. 生态文明教育

随着我国经济社会的迅猛发展，生态文明建设已经成为我国可持续发展的根本大计。通过"课程思政"，将生态文明教育渗透到"水污染控制工程"课程中，可培养学生正确的生态文明观。例如，在讲授"城市污水回用"一章时，可以组织学生开展课外调研活动，了解学校师生及周围居民的用水情况，普及科学用水的方法，倡导节约水资源，增强生态文明意识；在讲授"污泥的处理与处置"一章时，可以引导学生思考水污染产生后是否能够完全消除，让学生在思考中明白保护水环境既要从源头上减少污染，又要特别关注水污染治理中的二次污染问题，注重减量化、资源化、无害化，防治结合共创良好的水环境。通过生态文明教育，可以让学生更加努力地学习水处理知识，更加自觉地爱护大自然的水，更加积极地参与水环境保护，从小事做起，从身边做起，为社会主义生态文明建设添砖加瓦。

4. 职业素养教育

职业素养包括职业道德、职业思想、职业行为习惯和职业技能等方面，在"水污染控制工程"课程教学中，挖掘能提升学生良好职业素养的思政元素，对学生就业和未来发展都有着很大的帮助。环境科学与工程专业的学生毕业后从事的工作主要是与环保相关的设计、运行、管理等，其中与"水污染控制工程"课程密切相关的职业包括污水处理工程师、水质检测员、污水处理工艺设计师等。通过学习、培训和实践，就能让学生掌握基本的水处理专业技能。因此，在职业技能的形成过程中，教师应当不断完善学生的世界观、价值观和人生观，让学生逐步具备正确的职业道德、积极向上的职业思想和良好的职业行为习惯，既能做到爱岗、敬业、忠诚、奉献，又能做到正面、乐观、用心、开放、合作等。在教学过程中，让学生充分理解"三百六十行，行行出状元"，强调过硬的专业知识和职业技能是成为"状元"的前提条件；同时鼓励学生关注国内外水处理行业动态，做一个与时俱进的环保工作者；在学习、培训和实践的每一过程中，还要培养学生的沟通协调能力、团队意识、执行力等，综合提升职业素养。

(三) 课程思政方法与途径

1. 制定融入思政育人目标的教学大纲

根据水污染控制工程课程特点，从能力、素质培养出发，凝练立德树人教育目标。制定新教学大纲时，充分结合目标，深入挖掘课程蕴含的思政教育资源，和明确蕴含的正确世界观、人生观、价值观与职业道德等思政内容。在帮助学生了解环境工程学科的发展趋势、基本知识等基础上，渗透辩证唯物主义和社会主义核心价值观等相关思政教育内容，并固化到教学大纲中。

2. 采用 PBL 教学法，形成典型案例

"水污染控制工程"蕴含着丰富的哲学原理，如对排水体制的讲解，将清洁生产和可持续发展理念灌输给学生；强调全球资源在枯竭，现存的"末端"集中处理是否符合国情；辩证看待中国和发达国家城市化进程的区别。采用以问题为导向的教学方法（Problem-based Learning，PBL），设计诸如"如何看待我国的污水处理技术的发展史""我国目前进行的'厕所革命'与水污染控制有何必然联系""联合国可持续发展目标中哪些和污水处理有关""你心目中的概念性污水处理厂是什么样子的"等问题或研讨项目，由学生自主研讨，将课堂教学由以教师为中心变成以学生为中心，将教师讲学生听过渡为学生讲教师听，并且加强学生之间的互动。在增强学生自主学习能力的同时，让学生亲身感受水污染控制工程课程与社会生产生活的紧密联系，将研讨从课程知识层面上升到国计民生层面，激励学生独立思考，鼓励敢于表达，激发为中华文明复兴而读书的使命感。在水污染控制工程的思政元素融入过程中，形成一些典型案例。

3. 注重环境熏陶，线上与线下相结合

充分利用网络优质资源，提高学生兴趣，实时布置收看与课程内容有联系的国产优秀纪录片，在获取知识的同时提升爱国主义情怀。

4. 改进考核方式

学生最重视的是期中考核和期末考试，如果在期中口试和期末考试中加入思政考核环节，学生就会重视思想政治的学习，主动关注水资源管理和水污染的热点事件。在讲授专业知识的同时，贯穿思政内容，将社会主

义核心价值观和中国传统文化融入专业课教学。

在平时布置作业时，考虑思政元素的融合，如不拘于形式，结合学生特长爱好和兴趣点，让学生完成与"水"元素有关的作品。在期末考试出题时，可以将课堂上讲述的部分相关思政知识适当纳入出题范围，将爱国主义情怀融入对专业知识的学习。

5. 评估实施效果，持续改进

对课程思政教育阶段实施效果的评价分为两个方面：传递思想的方式是否有效和课程思政效果评估。

对传递思想方式的评估，可以采用问卷调查、一对一交流、小范围座谈等方式，精心设计调查内容，了解学生对教学各环节的看法、满意程度，评估教学团队在课程思政教育过程中传递思想的方式是否有效。对课程思政效果的评估可以采用过程考核、撰写课程小论文、期中口试等方式。利用考核所获得的数据，分析学生是否形成正确的世界观、人生观、价值观，评估受教育过程中是否有效获取了知识、培养了能力，是否具有社会主义核心价值观并提高了道德修养。根据分析评估的结果，及时反馈到教师团队，提出改进措施落实，形成持续改进的闭环。

6. 课程思政与思政课程同向同行

就"水污染控制工程"教学大纲的思政课程改革，征求人文社科专业教师的意见，平时多观摩人文社科专业教师上课情况，邀请人文社科专业教师到水污染控制工程课堂听课，为思政元素融入提出改进意见。向专业人士多请教，加强与人文社科专业教师的交流。这也有助于思政课程学习各类课程的经验，以及归纳和逻辑演绎的科学方法。

三、高频电子线路中的课程思政教育

（一）强化学科意识和融合价值

加强专业和学科本身所承担的使命及责任教育意识，强化专业课教师对本学科、本专业、本课程隐含的内在价值、社会价值的充分认识，增强专业课教师的社会责任感和历史使命感。专业课教师应该清楚自己所被赋予的历史使命感和民族责任感，高校学生是中国未来科技人才的中坚力量，大学是青少年成年后步入社会的关键过渡期，是他们"三观"成型的黄金节点。作为人类灵魂工程师的大学老师，尤其是与之相关核心科技的电子类专业课老师所要做的，不仅是教书，更是育人。电子技术课程是很多伟人的研究成果、探索过程及其人格的集中反映。可以用他们探索知识的过程，追求真理的历程，执着理想的事迹来培养学生的奋斗精神，教育引导学生树立高远志向，历练敢于担当、不懈奋斗的精神；培养学生的科学精神和创新精神，让学生变被动学习为主动学习。

（二）结合专业特点挖掘思政元素

在实际教学中，我们可以把专业课教学目标和课程德育目标相结合，把握专业课和思政教育之间的联系，将思政素养、人文素养、职业素养渗透到专业课程中，加强工科类专业课程的价值引领作用。例如，模拟电子技术在关于"半导体器件"的讲解中，可以让学生客观地了解到我国芯片技术的发展现状，让学生从内心意识到：科技兴则民族兴，科技强则国家强，核心科技是国之重器。引领学生科技强国、专业报国意识，增强民族自信，激励学生自觉把个人的理想追求融入国家和民族的事业中，树立民族复兴的理想和责任。又如：在讲解"PN结及二极管的单向导电性——PN结的正向电压低于开启电压"时，无电流通过，称为"死区"，这正如一个人成功前都有一段默默无闻的奋斗时期，克服了这段时期，就可以获得量变到质变的跳跃，正如二极管迅速导通一样，引导学生尊重事物规律并利用其规律。

（三）摒弃灌输式的教学方法

我们可以通过采用项目设计式教学、分组讨论式教学、情景模拟与角色体验等先进教学方法，促使知识传授与思政教育的自然融合；通过学生自主思考和积极主动参与教学的过程，实现认知、态度、情感和行为的认同，以切实有效的课堂思政教育方式，提升思政教育的教学效果。例如，三极管有放大作用要具备内因和外因条件，其内部结构及材料决定了有放大作用的内在根本，而具有合适的静态偏置电压是其外在条件，两者具备，三极管才能正常放大。即内因是事物发展变化的根本，外因是事物发展变化的条件，外因必须通过内因才能发挥作用。此时，我们可以引导学生在人生发展过程中要正确对待内外因的关系，辩证地看待机遇，在勤奋努力修好内功的基础上寻找发展的机会，机会永远是留给有准备的人。又如：模拟电子技术是利用电子元器件实现某种实际功能的电路系统，其核心是，以分立元器件（如电阻、电容、二极管）、集成电路（运算放大器、集成芯片）等电子零部件为基本单元，设计并制作出符合功能要求的电路或者独立小系统。因此，该课程可灵活采用项目设计式教学，采用实际日常的电子小产品作为设计任务，如扩音器中的功放、稳压源、信号发生器、报警器、抢答器、交通信号灯等，课程内容按照项目包括的几个单元模块电路重新组合。这样不仅提高了学生学习该课程的兴趣和主动性，还培养了学生理论联系实际、解决实际问题的能力。让学生亲身感受到了学以致用的无穷魅力，让学生真正意识并领悟了该课程的掌握，可以为人类造福、服务社会的历史责任感和使命感，把个人目标的实现和社会价值有机地结合起来，利用所学知识和技术为祖国做出贡献。

四、电化学基础中的课程思政教育

（一）课程基本情况

"电化学基础"是面向材料科学与工程学院材料化学专业（理科）本科生的一门专业主干课程，在大三上学期开设。电化学是物理化学的一个重要组成部分，它不仅与无机化学、有机化学、分析化学和化学工程等学科相关，还渗透到环境科学、能源科学、生物学和金属工业等领域。同时，鉴于材料学院在新能源材料研究方面具有良好的基础和积累，以及有相关学科支撑，因此开设此门课程，以期拓宽同学们的知识面，使其掌握电化学的基本概念和规律性的结论，了解电化学科学研究的思路和手段，为后续课程学习提供必要的基础知识。在德融课堂方面，要有意识地加强对学生思维习惯的培养和融会贯通能力的培养，从而提升大学生的科学素养。

（二）德融教学设计及内容

电化学是一门古老的科学，从1799年发明第一块伏打电堆算起已经有超过200年的历史。在这漫长的发展历程中,电化学逐渐发展出诸多研究分支,研究涵盖的内容包罗万象,因此按照课程内容的关系将主要内容分为三个层次:第一层,电极体系部分,介绍电极体系的三个基本组成部分,即电解质、电极,以及电极/溶液界面;第二层,电极过程部分,概述三个基本组成部分组成的完整电极体系的极化,电极过程的五个基本步骤,并重点学习液相传质步骤和电子转移步骤;第三层,系统应用部分,探讨不同电极体系组成的电化学系统的应用,主要讲解气体电极过程、金属电极过程,并简要介绍稳态/瞬态测试方法。课程内容带有明显的分—总—分的结构特点,不同层次的内容也带有不同的特点,结合这些特点就可以很方便地开展德融教学的设计。

具体教学过程中,在内容电极体系部分,主要用来加强学生的形象思维能力和细微处观察世界的意识;电极过程部分的内容逻辑性强,连续过程中有很强的因果关系,因此特别适合进行理工思维的培养;系统应用部分的总体性强,微观宏观兼备,适度融合形象思维和理工思维的内容,以提高同学们的科学思维。具体来说可以细分为如下三个部分。

第一部分的内容为绪论。该部分起到总领大局、引入课程的作用,具有很强的思想性、趣味性,但又不缺乏学术性,用于加强形象思维。如通过介绍科技发展对社会进步的意义、电化学在实际生活中的应用、水及溶液在分子水平的存在状态与人类健康等内容,使得同学们形成尊重科学、崇尚专业精神的形象思维。在其他章节,如电极/溶液界面结构与性质部分,在讲述能量转换过程中培养同学们的节能环保意识,在讨论双电层结构部分培养细微处看世界的意识。

第二部分的内容为电极过程。在液相传质步骤及电子转移步骤等章节讲述过程中进一步培养从微观看世界的思维,通过成语"见微知著"的故事引入,在宣扬中国传统文化的同时也通过一些自然现象,如 HCL 气体不显酸性、球墨铸铁不容易锈蚀是因为内部碳素呈球状分散等生动的实例,让学生从各个角度尤其是微观的角度去思考问题。在双电层结构等章节中必须让学生意识到吸附、反应平衡等平衡过程的本质是动态平衡,为了正确地理解这些自然过程,必须在学生头脑中建立正确的随机过程、误差分布的统计学图像,养成从动态的观点看待平衡过程的习惯。此外,在这部分内容中很自然地引入统计学中的大数定律,以及对大数定律的曲解——

赌徒谬误，及时打消侥幸心理这也是通过科学素养的培育来弘扬社会主义核心价值观，传递正能量。

第三部分介绍了系统应用。在本部分的讲解中特别注意对前文的回顾，养成总结反思自己的习惯，这样才能不断进步。这一习惯对学习、生活、工作同样重要。同时，各种电极过程及稳态、瞬态测试方法本质上是对前文基础知识的总结应用并加以提高，因此在这部分内容的讲解中需要特别注意各基础知识之间的逻辑关系，以及不同过程、不同规律之间的因果关系。正确的形象思维和理工思维都是科学思维，通过反复的逻辑推理、因果论证养成科学思维习惯的意义不言而喻，在一个知识点、一节课，甚至一个章节中融入科学思维培养的内容并不难，难的是形成具有再现性的科学思维，因此对科学思维的培养必须贯穿课程甚至跨课程的教学过程始终。

（三）教学方法及手段

为了达到德融教育自然融合的目的，在教学过程中要以学生为主体、教师为主导。学生是课堂的灵魂，在当前的条件下学生获得信息的途径越来越多，知识面越来越宽，因此对课堂的专业性提出了更高的要求。如何丰富这些灵魂，使课堂不陷入枯燥乏味的窘境对教师来说是一个挑战，因此需要对教学方法和手段加以设计。在这门课中，我们以传统的讲授法为基础，辅以案例教学法和启发式教学法，积极开展理实一体化教学法的探索，并结合学科发展前沿提高课堂的趣味性。这一方法收到了不错的效果，具体示例如下。

实例一：电子转移步骤动力学内容的讲解

首先，通过"H、O、Fe 系元素及含氧负离子参加的电极反应，是由于电极反应缓慢造成的极化"这样一个示例来引入问题，阐述章节的必要性。

其次，回顾前面章节的"液相传质动力学"内容，通过总结对流、扩散、电迁移三种液相传质方式的特点，得出在溶液中含有大量局外电解质时，电化学反应速度与电极电位之间的指数关系无法得到合理解释，进一步强调本章内容的重要性。在此过程中，特意运用启发式教学方法，引导同学们有条理、有逻辑地总结回顾的内容，不仅加深记忆而且锻炼了同学们的分析总结能力。当然，这么好的机会是不应该忽略强调反思的重要性的。

最后，利用"电极过程概述"中讲到的"电极反应可以看出是一种特殊的异向催化反应"的相关内容自然过渡到催化反应的特点，结合物理化学课程中反应速度与反应活化能之间的关系的知识点，提出并展开讲解电极电位对反应速度的影响，明确分配系数的概念，结合图示详解推导过程。在这个过程中，特别要求思维清晰、逻辑明确、因果有序。

从这个事例我们可以看出，要辩证地看待文科思维和理工思维融入的内容安排和技巧。在问题引入部分，通常加入一些文科思维的内容，利用文科思维注重的道德和美感来感化同学们的心灵，使得科学精神、科学意识深入到同学们的骨髓里。在知识点的讲解过程中要特别注意内容的逻辑性及各部分之间的因果关系，通过对以往内容的回顾进行对比分析，提高同学们分析总结的能力，养成反思的好习惯。同时，注意从微观的角度、动态的角度分析问题。当然，少不了对数学的强调，数学中的逻辑性，统计学中的概率理念都是理工思维必不可少的因素，也是讲授内容层层递进、深入发展的桥梁。总之，就是在讲解过程中灵活运用案例法、启发式教学等手段注重理工思维的培养，一以贯之，帮助同学们形成科学的思维习惯。

实例二：介绍学科发展前沿

结合学科发展前沿，提高课堂内容的趣味性，增强同学们的荣誉感、使命感。在当前科技快速进步的形势下，每一个理工科课题、方向、学科都在快速发展，都在影响着我们的生活。很多内容、现象甚至都来不及引起人们的广泛关注和总结就已被人们接受，可以说很难量化具体某个学科的发展对人类作出的贡献。而对一个本科生来说，科技论文还是高不可及的，如果选择合适的论文作为课堂素材将在无形中增强课堂的说服力。因此，在电化学体系部分的讲解中，我们就结合了一篇很切题的论文"三维多孔中空纤维铜电极的研究"来进行讲解。通过二氧化碳还原，系统地讲解让同学们理解电化学系统的组成，尤其是对鲁金毛细管的讲解充分表达了科学研究的严谨性，提高了同学们的科学意识；通过对实验参数的分析，讲解实验结果，提高同学们的学科认同度和荣誉感，同时非常直观地告诉他们科学研究的意义，让同学们怀着敬畏之心参与课堂学习，效果比单纯地说教要好得多。

(四) 教学效果

曾经有一段时间读书无用论盛行，"混毕业"的思想也在大学生中间暗潮涌动，这种想法至今仍在影响着班风、学风的建设。此时更需要任课教师们以严谨求实的态度言传身教传递正能量，感化青春懵懂的同学们。经过"德融课堂"的实践发现，趣味性和荣誉感兼备的授课手段使同学们真切地感受到科学的重要性、普遍性。在日常学习中能明显表现出逻辑思维的提高，辩证看问题的习惯也在逐步养成，这些令人欣喜的变化还体现在，同学们课堂学习兴趣的提高和对教师的信任感的提升。

五、理工科专业课中的课程思政教育

(一) 具体分析与措施

从国家法律到指导纲要已有指针方向，进一步的努力方向就是专业与课程。我们还要对专业、课程的内容特点、难点再具体分析，制订好有针对性的措施，才能真正打通课程思政的"最后一公里"。

1. 课程思政的特点和难点

（1）基本特点

专业层面，理工科专业课课程思政的基本特点有。

①时间有限。在标准一节课时间内，知识传授无疑是"主菜"，而课程思政像是菜里加的"一撮盐"，盐少无味，盐多齁人。作者认为，平均每节课的思政时间应在3~5分钟以内为宜，如果思政时间太长，就容易喧宾夺主。

②形式互补。学生上专业课时，已有专业的思政课程"主菜"打底，专业课课程思政是"辅菜"补充，"菜品齐全"才能助人成长。

（2）普通难点

在教学实践中，理工科专业课课程思政的普遍难点有以下几点。

①专业课程技术性强，与思政的大部分内容普遍联系不大，内容多适合往"献身科研、技术强国"方面引导学生，难以顾及其他方面思政

内容。

②理工科知识体系普遍逻辑性强、结构紧凑，一般来说不宜打碎知识框架、教学思路进行思政渗透。

③现在教育改革后普遍学时短、信息量大，实际讲课中也需要穿插提醒、幽默等提高学生注意力。

④专业课程教师课程思政意识普遍不强，意识淡化或不想占用宝贵的课程时间进行思政教育；另外，以往学校对此方面监督不严。

⑤专业课程教师本来就是理工科出身，精力一向爱好钻研数理逻辑，文史基础偏弱，课程思政兴趣不高能力不强。"讲故事"水平不高，对学生没有吸引力。

2. 课程思政的抓手和对策

根据以上对特点、难点的分析，理工科课程思政可以从下面几个方面着手。

（1）根据特点对症下药

①时间碎片化。因为时间有限性，就不能花大块时间进行课程思政，时间比较零碎，课程思政形式表现出来就是碎片化穿插。

②形式多样化。单纯的说教容易让学生乏味，思政方式可以采用讲故事、短视频、微课程等多种方式方法，提高学生兴趣。

（2）破解课程思政难点

对难点①，可以通过对专业知识考究来历、横向对比、联想联系、延伸拓展等方法，深入发掘课堂的导课、课堂、总结等环节进行思政的可能性，不断积累该门课的思政素材供教师选用。

对难点②，需要教师对知识内容、结构、体系熟悉，并且掌握时机，方可适切中断插播"思政广告"后完美过渡接续教学。不能像电视广告那样突兀地强行植入，效果适得其反。内容是贴切的、时机是适合的、过程是自然的，效果才是润物无声的。

对难点③，需要教师不断练习，在实践中精炼思政素材、提高语言表达的方法与娴熟度、提升个人性格魅力来解决。需要强调的是，课程思政其实是一种很高的能力要求，除熟悉专业课外，还要求教师有正确的政治理念、强烈的思政意识和饱满的思政热情；有丰富的中国历史知识、中西文化等思政知识底蕴；有适切运用能力、临场发挥能力和良好表达能力。

对难点④，建立或完善课程思政监督和评价机制。无论是否是师范出身的教师一般都会知道需要课程思政。

对难点⑤，培养教师的课程思政能力。课程思政的能力不是天生的，也不是一蹴而就的，而是一个靠潜意识引导、多素材积累、有意识锻炼的缓慢成长过程。课程思政是以教师人格魅力为载体的，换句话说就是人格魅力是课程思政实际有效的前置能力。

综上所述，作者把理工科专业课课程思政的重点概况为深入发掘教材思政元素、灵活联想进行思政渗透、注意教师素质修养和重视提升教师能力魅力几个方面。

（二）评价方法与途径

课程思政已经不是锦上添花而是课堂必备，如何考核我们高校教师在课程思政方面工作是否合格。应该以思政实际效果为准绳，毕竟"实践是检验真理的唯一标准"，也就是说必须通过学生反馈来体现。然而，众所周知思想境界的提升往往并不是显性的，也是难以量化的。因此，笔者认为课程思政效果可以从正式、非正式两个方法来评价。

非正式评价方法就是说思政效果可以通过学生的精神面貌、言行举止往积极、好的方面转化表现出来，或者学生对丑恶事件的思想反映表现出来。

正式的评价方法可以结合传统的学生评教、同行评议和学生评教三个途径来考察。而评价标准，笔者认为可从数量、质量两个方面考察。数量方面，教师每次课思政至少一次算合格，因为"人过留名，雁过留声"，事情做了多少会留下印记，这可作为硬性指标。质量方面，则只能是定性考量，因为这是个仁者见仁的事情，但学生评价和同行评价的总评还是很大程度上能说明思政效果与问题的。

参考文献

[1] 陈倩. 高校课程思政建设的困境与机制创新 [J]. 现代商贸工业, 2021, 42 (30): 117-118.

[2] 李涛. 高校课程思政教学中教师多角色转换的思考 [J]. 产业与科技论坛, 2021, 20 (18): 136-137.

[3] 颜丽, 赵彩珍. 深化课程思政建设推进高校思想政治教育 [J]. 共产党员 (河北), 2021 (18): 41.

[4] 强飙, 陈明胜. 高校课程思政与思政课程协同建设刍议 [J]. 宁波大学学报 (教育科学版), 2021, 43 (5): 61-67.

[5] 胡亚楠. 新时代高校课程思政建设个案研究 [D]. 桂林: 广西师范大学, 2021.

[6] 郝志庆. 高校深入推进课程思政建设研究 [D]. 石家庄: 河北经贸大学, 2021.

[7] 张先姣. 乡镇初中英语课程思政教育策略研究 [D]. 汉中: 陕西理工大学, 2021.

[8] 郑美丹. 高校课程思政的育人价值及其实践路径研究 [D]. 石家庄: 河北科技大学, 2020.

[9] 王明慧. 高校课程思政建设的现状及对策研究 [D]. 曲阜: 曲阜师范大学, 2020.

[10] 罗晓琴. 高校"课程思政"与"思政课程"协同模式研究 [D]. 长沙: 长沙理工大学, 2020.

[11] 尹兰芝. "课程思政"协同育人的困境和对策研究 [D]. 长春: 东北师范大学, 2020.

[12] 袁文君. 高校"课程思政"与思政课程协同育人研究 [D]. 吉首: 吉首大学, 2020.

［13］李粤霞．"课程思政"实施的理念与路径研究［D］．广州：广东外语外贸大学，2020．

［14］张华．高校课程思政内涵建构及实践路径研究［D］．南京：南京医科大学，2020．

［15］张丽莎．陕西高校"课程思政"建设研究［D］．西安：西安工业大学，2020．

［16］戚静．高校课程思政协同创新研究［D］．上海：上海师范大学，2020．

［17］李玉洁．新时代高校"课程思政"与"思政课程"同向同行研究［D］．重庆：四川外国语大学，2020．

［18］李旭芝．高校"课程思政"存在的问题及解决路径研究［D］．石家庄：河北师范大学，2020．

［19］张铨洲．课程思政建设中发挥大学生主体性作用研究［D］．天津：天津工业大学，2019．

［20］孙文宇．高校专业课课程思政建设研究［D］．马鞍山：安徽工业大学，2019．

［21］林泉伶．"课程思政"：新时代高校思想政治教育新途径研究［D］．南京：南京邮电大学，2019．

［22］徐畅．新时代高校"课程思政"协同育人研究［D］．沈阳：沈阳航空航天大学，2019．

［23］康雅利．高校"课程思政"建设的原则与路径研究［D］．石家庄：河北科技大学，2019．

［24］蔡文玉．高校课程思政实践策略研究［D］．秦皇岛：燕山大学，2019．

［25］董明慧．高校"课程思政"问题研究［D］．大连：大连海事大学，2019．

［26］杨娇娇．高校专业课教师在课程思政实践中存在的问题及对策研究［D］．长沙：湖南大学，2019．

［27］朱梦洁．"课程思政"的探索与实践［D］．上海：上海外国语大学，2019．

［28］方媛．高校思政课程云平台中教师空间设计实践［D］．武汉：

华中师范大学，2017.

［29］杨浪萍.建国以来高校思政课中国近现代史课程的演进［D］.广州：南方医科大学，2015.

［30］张春枝，温景文.思政课综合改革与实践［M］.北京：中国文史出版社，2015.